夕阳红工程图书
XIYANGHONGGONGCHENGTUSHU

SHEHUIYANGLAO
ANLIJIEXI

社会养老案例解析

北京市经济法学会 主编

曹焱 于晓扬等 编著

中国社会出版社

图书在版编目（CIP）数据

社会养老案例解析／曹焱，于晓扬等编著．—北京：中国社会出版社，2008.10

（老年人依法维权案例解析丛书）

ISBN 978-7-5087-2327-3

Ⅰ．社…　Ⅱ．①曹…②于…　Ⅲ．养老保险—保险法—案例—分析—中国　Ⅳ．D922.284.5

中国版本图书馆 CIP 数据核字（2008）第 148223 号

丛　书　名：老年人依法维权案例解析丛书

主　　　编：北京市经济法学会

书　　　名：社会养老案例解析

编　　　著：曹　焱　于晓扬　郑文睿　张楠楠　苏锡滨

责任编辑：白晓虹

出版发行：中国社会出版社　邮政编码：100032

通联方法：北京市西城区二龙路甲 33 号新龙大厦

电　话：（010）66080300　（010）66083600

（010）66085300　（010）66063678

邮购部：（010）66060275 电传：（010）66051713

网　　　址：www.shcbs.com.cn

经　　　销：各地新华书店

印刷装订：北京京海印刷厂

开　　　本：145mm×210mm　1/32

印　　　张：6.375

字　　　数：112 千字

版　　　次：2009 年 3 月第 1 版

印　　　次：2014 年 3 月第 3 次印刷

定　　　价：13.00 元

目　录

“社保”养老篇

“五保户”养老篇

亲属养老篇

契约养老篇

“社保”养老篇

一、离退休政策

核心提示

退休，是指超过规定劳动年龄的工资劳动者，永远退出工作岗位休息养老。这主要是由人们生命和劳动过程的自然规律决定的，因而各国都规定和实行了退休制度。由于国情国力的不同，各国有关退休条件（主要是退休年龄）和退休后的福利待遇的规定并不完全相同。

退休，中国古称致仕，汉代已有定制。中华人民共和国成立后的干部退休制度始于1950年，《中央人民政府政务院财经委员会关于退休人员处理办法的通知》是最早的退休法规。此后，曾于1951、1955、1958和1978年先后作了修订。其中1978年6月颁布的《国务院关于安置老弱病残干部的暂行办法》至今仍是干部退休制度的基础。其中主要内容：①退休条件。中国规定的退休年龄是：男60周岁，女55周岁，女工人年满50周岁。此外对于尚未达到退休年龄但具有较长工龄因身体衰弱丧失劳动能力，或因公残废完全丧失劳动能力的，也可办理退休。②退休手续办理。③退休待遇。除按月发给退休金，直至本人去世外，还享受公费医疗、副食品价格补贴等待遇。④退休职工管理。

离休也叫离职休养，是我国的一种特殊的退休形式，1978年正式作为一项制度建立。离休的对象主要是老干部，具体为新中国建立前，即1949年9月30日以前，参加中国共产党所领导的革命军队者，在解放区参加革命工作并脱产享受供给制待遇者，在敌占区从事地下革命工作者；1948 年年底以前在解放区享受当地人民政府制定的薪金制的干部；中国人民政治协商会议第一届全体会议召开之前加入各民主党派，一直拥护共产党和坚持革命工作者（参加革命时间从 1949 年 9 月 21 日算起）。

1982 年国务院规定的老干部离休年龄为：担任国家的部长、省长和相当职务者 65 周岁；担任副部长、副省长和相当职务者 60 周岁；担任正副司、局、厅长和相当职务者 60 周岁；其他干部，男 60 周岁，女 55 周岁。身体不能坚持正常工作者可提前离休；工作需要并经任免机构批准者可适当推迟。国家对离休干部实行基本政治待遇不变，生活待遇略为从优的原则，除工资照发以外，还按一定条件和标准发给不同标准的生活补贴。具体规定为：1937 年 7 月 6 日前参加革命工作的每年增发两个月工资；此后至 1942 年 12 月 31 日参加工作的每年增发一个半月工资（均不含 8 级以上的老干部）。离休干部单列编制并由离休所在单位管理。

离退休制度的建立，保障了年老体弱，基本丧失工作能力的职工生活，废除领导干部职务终身制，保持了职工队伍年轻化、知识化并具有旺盛的朝气与活力。

以案说法

1. 单位假借内部退养之名违规要求职工提前退休应当如何处理?

【案情简介】

张某是一名纺织工人，在工厂辛辛苦苦干了大半辈子，2002 年，张某 52 岁了，离正式退休本来还有三年的时间，但是，他听单位人事科科长说，如果过两年退休厂子就不管了，一切都要推向社会，那样的话就吃亏了，不如现在先以内退之名退休再说。于是张某与其他五名接近退休年龄的职工一起申请了退休。退休后，工厂便不再给张某开工资，而是由社保给张某开退休金。后张某经过向劳动部门咨询，发现自己与正式退休的工人相比，不但没有多拿钱，反而少拿了钱，便要求工厂为自己更正退休时间并赔偿损失，请问张某的说法正确吗？

案例评析

本案是典型的单位假借内部退养之名违规要求职工提前退休的案例。所谓内部退养，简称内退，是单位对接近退休年龄的职工实行的离岗退养制度。国务院1993年4月20日发布的《国有企业富余职工安置规定》中明确说明："职工距退休年龄不到五年的，经本人申请，企业领导批准，可以退出工作岗位修养。"劳动部关于《严格掌握企业职工退休条件的通知》中规定："企业对于接近退休年龄的职工，要妥善安排，因年老体弱不能坚持正常生产工作的，可以实行离岗退养，离岗退养期间，按连续工龄计算，按一定比例发放工资，所需费用仍在工资基金中列支。离岗退养职工达到退休年龄时，再按国家有关规定办理退休手续。"由此可见，内退的条件应该有两个，其一是经过职工本人申请并经过领导批准；其二是职工年老体弱不能坚持正常工作且距离退休年龄不满五年。除此以外，企业不得擅自要求职工内退，并且，职工即使内退了，他的工龄也应该持续计算，并且内退时的工资还应该由其所在单位支付。而提前退休是职工因为某些特殊原因而离开工作岗位，按月领取退休金的一项养老保险制度。国家允许内退的情形有以下几种：

（一）从事特种作业职工，如井下、高空等有毒有害作业的职工，可以提前五年退休；（二）因病或非因公致残，符合条件的可提前五至十年退休；（三）国务院确定的111个“优化资本结构”试点城市的国有工业企业破产时距法定退休年龄相差不足五年的职工，可以提前退休；（四）1980年~2000年有压锭任务的国有纺织企业的纺、织工种工龄满20年，距法定退休年龄相差不到10年，且再就业确有困难的职工可提前退休，但已完成压锭任务的企业不可据此办理提前退休；（五）因工致残完全丧失劳动能力的，可以办理提前退休。

与内退相比，二者存在很大区别，（一）内退的职工也仍然是企业的在职职工，其与企业未解除劳动关系，工资由企业发放，所需费用也仍在工资基金中列支，而提前退休的职工，其与企业不再具有劳动关系，他的退休金是由社保基金支付的；（二）内退的职工其工龄仍然持续计算直至其满退休年龄为止，而提前退休的职工自从他退休之日起，其工龄就不再计算了。

本案中的五位职工虽然自己填写了退休申请，但这种申请，实际上是在单位有关负责人欺骗下的违规操作行为，这种行为一方面侵害了职工的合法劳动权利，同时缩短了职工的工龄以至于影响职工日后养老金的数额；另一方面，这种行为也把职工提前推向社会，造成了社会养老金的不必要流失。依据劳动和社会保障部出台的《关于制止和纠正国家规定办理企业职工提前退休有关问题的通知》（劳社部发〔1999〕8号）规定：“已办理提前退休、退职的职工，要清退回单位。”因此，本案中张某的说法是正确的，单位应当为他们更正退休时间，收回提前发放的退休证，待他们符合退休条件时再办理退休手续并为张某等人支付提前退休造成的个人经济损失。

【法律依据】《国有企业富余职工安置规定》《严格掌握企业

职工退休条件的通知》《关于制止和纠正国家规定办理企业职工提前退休有关问题的通知》。

2. 单位能否以职工在职期间工作存在错误为由扣发退休职工的养老金?

【案情简介】

李某是某银行的职员，于2001年6月退休，2001年12月，其之前工作的银行下发通知规定："已办理退休手续的正式职工，在原在职期间的不良贷款超过贷款总额30%的，每月只发给生活费280元，停发其余一切待遇……"李某认为该通知不合理，单位没有权利扣发自己的养老金用于偿还其发放的不良贷款。而单位认为依据银行系统金融纪〔2001〕第16号文件规定，银行工作人员自己办理的违规贷款，逾期不能还清本息的，视情况给予党政纪处分，并可扣发工资。李某与单位在多次协商无效的情况下，于2000年4月向当地劳动仲裁委申请劳动仲裁，要求仲裁机关依法判定单位返还扣发的养老金。请问李某的请求能够得到仲裁机关的支持吗?

案例评析

本案是由单位以职工在职期间工作存在错误为由扣发退休职工的养老金问题所引起的纠纷。《中华人民共和国劳动法》第七十三条第二款规定："劳动者死亡后，其遗属依法享受遗属津贴。劳动者享受社会保险待遇的条件和标准由法律、法规规定。劳动者享受的社会保险金必须按时足额支付。"在本案中，银行搞混了养老金与工资这两者的概念，并认为养老金是工资的一种，单位有权自行处置。事实上，工资是基于劳动关系，由单位依据劳动者提供的劳动数量和劳动成果的质量，并依据劳动合同发放给劳动者的报酬。而养老金是劳动者在达到法定退休年龄退休后，由社会保障基金支付给劳动者的一种社会保险待遇，二者存在显著不同。银行所依据的金融纪〔2001〕第16号文件针对的主体应该是在职的工作人员而非离退休人员，因此，劳动者给单位造成经济损失的，单位可以扣除劳动者的工资但不能在劳动者退休后，继续扣除他的养老金。并且，依据劳动部在对原河南省劳动厅《关于职工在职期间给单位造成损失，单位在其退休后能否以扣发退休金补偿损失的请示》的复函（1995年1月1日）中明确规定："企业不能强行扣发退休人员的养老金以补偿该退休人员在职期间给企业造成的损失。"在劳社厅函〔1999〕第137号《劳动和社会保障部办公厅关于给企业造成经济损失的职工办理退休手续问题的复函》中还规定："关于职工到法定退休年龄前给企业造成的经济损失，在退休后如何赔偿问题，应通过有关法律程序解决。"因此可见，老年人依法享有的退休金和其他保障不应以任何理由受到克扣，单位不得扣发李某的养老金，李某的请求能够得到仲裁机关的支持。

【法律依据】《中华人民共和国劳动法》第七十三条第二款；《关于职工在职期间给单位造成损失，单位在其退休后能否以扣发退休金补偿损失的请示》的复函；《劳动和社会保障部办公厅关于给企业造成经济损失的职工办理退休手续问题的复函》。

3. 对于职工的退休金，能否不按月支付，而采取一次性结清发放的方式？

【案情简介】

赵某系某工厂工人，1996 年 3 月，赵某年满 55 周岁达到法定退休年龄，在办理退休手续的过程中，工厂提出为赵某一次性结算支付退休金 6 万元，赵某不愿意接受，提出退休金应当在职工退休后按月领取直至职工去世。而该工厂以赵某在该单位工作年限不足 15 年为由，坚持要求其一次性领取退休金。在多次协商无效的情况下，赵某只能向当地劳动仲裁机关申请仲裁，要求按月领取退休金。请问赵某的请求能否得到法律支持呢？

案例评析

本案是由退休金的支付方式所引起的争议。依据《中华人民共和国劳动法》第七十三条第二款规定：“劳动者死亡后，其遗属依法享受遗属津贴。劳动者享受社会保险待遇的条件和标准由法律、法规规定。劳动者享受的社会保险金必须按时足额支付。”那么，什么是足额支付呢？一次性结清养老金是否属于足额支付呢？依据劳动部 1995 年 6 月 20 日发出的（劳部发〔1995〕262 号）通知中所指出的，对离退休人员不得采取一次性结算离退休金的发放。该通知规定：（一）凡执行《国务院关于工人退休、退职的暂行办法》的地区，对于达到国家法定退休年龄和工龄条件，办理退休、退职手续的，必须严格按照国家有关规定，按月支付退休（退职）金，不得采取一次性结算退休（退职）金的办法。（二）凡按照《国务院关于深化企业职工养老保险制度改革的通知》（国发〔1995〕6号）进行基本养老金保险制度改革的地区，对于达到国家法定退休年龄，缴费年限（含视通缴费年限）达到规定年限的人员，必须按规定按月支付其养老金，不得采取一次性计算退休（退职）金的办法。（三）由于企业破产、濒临破产、租赁、承包、辞退、终止劳动合同、安置富余人员及经济性裁员等原因，与职工解除劳动关系的企业，可以按照国家有关规定一次性支付给职工一定数额的经济补偿费，在其达到法定退休年龄或重新就业后达到法定退休年龄时，凡参加退休费用社会统筹的人员仍由社会保险经办机构办理退休手续并按月支付其养老金。

综上所述，赵某所在的单位不能一次性结清赵某的养老金，赵某要求按月支付养老金的请求能够得到支持。

【法律依据】《中华人民共和国劳动法》第七十三条第二款；劳部发〔1995〕262号通知。

4. 接近退休年龄时劳动合同可以终止吗?

【案情简介】

李某是某大型国有企业的车间主任，已经在该企业工作了二十多年了，2001年6月，她年满53周岁了，离正式退休还有两年时间，年底劳动合同到期后，工厂以企业最近几年效益不太好为由，要求终止与李某的劳动关系。李某想知道，在已经接近退休年龄的情况下，企业是否可以无缘无故选择终止与职工的劳动关系呢？

案例评析

依据现行的《中华人民共和国劳动法》第二十三条规定：

“劳动合同期满或者当事人约定的劳动合同终止条件出现，劳动合同即行终止。”也就是说，企业在劳动合同期满后是享有用人的自主权的，当李某与其所在企业签订的劳动到期后，她与企业的劳动关系也就自然终止了，企业选择与她不再续签是符合法律规定的，也就是说，此时企业即使没有任何理由，也可以选择与职工不再续签劳动合同。

但是，本案中，值得注意的一点是，在2008年1月1日《劳动合同法》正式实施后，这种情况将有所改变，依据《劳动合同法》第四十五条规定：“劳动合同期满，有本法第四十二条规定情形之一的，劳动合同应当续延至相应的情形消失时终止。但是，本法第四十二条第二项规定丧失或者部分丧失劳动能力劳动者的劳动合同的终止，按照国家有关工伤保险的规定执行。”而该法第四十二条第五款规定：“第四十二条 劳动者有下列情形之一的，用人单位不得依照本法第四十条、第四十一条的规定解除劳动合同：（五）在本单位连续工作满十五年，且距法定退休年龄不足五年的；”也就是说，如果在《劳动合同法》生效后，再出现企业职工的劳动合同已经到期，但是其在企业工作已满十五年，且距离退休年龄不满五年，此时企业就必须把他的劳动合同延长至退休，而不能就此终止或解除劳动合同。

【法律依据】《中华人民共和国劳动法》第二十三条。

5. 对于超过退休年龄的职工不愿意退休的，可以推迟办理退休手续吗？

【案情简介】

李某是某国有企业的工人，2002年2月，她年满50周岁了，工厂要求她退休，但她拿出医院的体检证明，证实自己身体状况良好，还可以继续工作，因此希望能够延迟退休时间。请问，在这种情况下，对于超过退休年龄的职工不愿意退休的，可以推迟办理退休手续吗？

案例评析

法定的退休年龄是指1978年5月24日第五届全国人民代表大会常务委员会第二次会议原则批准，现在仍然有效的《国务院关于安置老弱病残干部的暂行办法》和《国务院关于工人退休、退职的暂行办法》（国发〔1978〕104号）文件所规定的退休年龄。按照国家法定的退休年龄办理职工退休、退职，是维护职工合法权益和劳动权利的根本保证。《国务院办公厅关于进一步做好国有企业下岗职工基本生活保障和企业离退休人员养老金发放工作有关问题的通知》（国办发〔1999〕10号）重申了国发〔1978〕104号文件的规定。为了贯彻落实国务院办公厅10号文件，劳动和社会保障部1999年3月9日发布了《关于制止和纠正违反国家规定办理企业职工提前退休有关问题的通知》（劳社部发〔1999〕8号），通知指出：国家法定的企业职工退休年龄是男年满60周岁，女年满50周岁，女干部年满55周岁。从事井下、高温、高空、特别繁重体力劳动或其他有害身体健康工作的，退休年龄男年满55周岁，女年满45周岁，因病或非因工致残，由医院证明并经劳动鉴定委员会确认完全丧失劳动能力的，退休年龄为男年满50周岁，女年满45周岁。

本案中李某已经年满50岁，符合法定的退休年龄，虽然她还想继续发挥余热的心情可以理解，但是根据《国务院关于严格执行工人退休、退职条件暂行办法的通知》（国发〔1981〕164号文件）第一条规定，对于符合退休、退职条件的工人，应该动员他们退休退职。因特殊需要必须缓退的，需经上级主管部门批准。未经上级主管部门批准，超过退休年龄继续工作的时间不计算"连续工龄"。对于应当退休、退职的工人可停发其工资，改发退休费或退职生活费。而李某由于并不存在因特殊情况而必须延缓退休的情形，因此不能推迟办理退休手续。

【法律依据】《国务院关于安置老弱病残干部的暂行办法》《国务院关于工人退休、退职的暂行办法》《国务院办公厅关于进一步做好国有企业下岗职工基本生活保障和企业离退休人员养老金发放工作有关问题的通知》《关于制止和纠正违反国家规定办理企业职工提前退休有关问题的通知》《国务院关于严格执行工人退休、退职条件暂行办法的通知》。

6. 对于下落不明的退休人员是否应当继续发放养老金?

【案情简介】

赵先生从年轻的时候就一直喜欢登山运动，这种爱好一直持续到2001年他退休之后。2003年4月，赵先生又与几个好友相约去爬山，结果在爬山的途中，不幸遭遇山崩，赵先生下落不明。与他同去的朋友也非死即伤，消息传到家中，赵先生的家人非常悲痛，更令他们气愤的是，有关社保机构从2003年5月起就停发了赵先生退休金，理由是赵先生已经下落不明，在没有证据证明赵先生生还的情况下，只能推定其死亡，因此不再发放退休金。请问，在这种情况下，赵先生的家人还能领取赵先生的退休金吗?

案例评析

企业的离退休人员下落不明尽管只是极个别的情况，但是作为完整的养老保险政策，国家也对此进行了规定。依照有关规定，退休人员是从下落不明在六个月之内的，退休待遇可以照发；超过六个月的，从第七个月开始暂时停发其退休待遇。

同时值得注意的是，如果退休人员下落不明的时间更长，如依照《中华人民共和国民法通则》第二十三条规定："公民有下列情形之一的，利害关系人可以向人民法院申请宣告他死亡：

（一）下落不明满四年的；

（二）因意外事故下落不明，从事故发生之日起满两年的。

战争期间下落不明的，下落不明的时间从战争结束之日起计算。"退休人员被宣告死亡后，社会保障机构应当对其按照死亡的有关待遇处理。如果嗣后被宣告死亡的退休人员重新出现，此时仍应该恢复其退休待遇，并补发其自暂停发放养老金之日起所扣发的全部养老金。

【法律依据】《中华人民共和国民法通则》第二十三条。

7. 职工被企业辞退后，能要回已经交纳的养老保险费吗?

【案情简介】

王先生是某工厂的车间主任，在2001年王先生58岁那年，王先生被工厂辞退了。被辞退后，王先生感觉自己年岁也已经大了，就不愿意继续再找工作了，只想把之前交纳的养老保险费要回来，用以吃药看病和日后的日常生活。请问王先生还能要回已经交纳的养老保险费吗？

案例评析

养老保险实行社会统筹与个人账户相结合的原则，参保人员的个人账户包括用人单位缴费中按比例划入职工个人账户的部分、职工个人按比例缴纳的部分以及上述两部分的利息。职工个人账户是职工退休后计发养老金的重要依据，因此职工个人账户既不能挪作他用，也不能由职工提前支取。

职工在被企业辞退后，其养老保险的个人账户并不会因为职工个人的去留而消失。依照有关规定，职工的养老保险个人账户仍会由社会保险机构继续管理，缴费年限也会被记录在案。只是单位不再继续为其缴费，职工的养老保险关系也只是暂时终端，待其重新找到工作后，仍继续参加养老保险，其养老保险关系中断前后的缴纳和储存的个人账户可以接续，缴费年限也可以前后相加。对于像王先生这种已经接近退休年龄，不愿意继续工作的职工，也不必担心自己将来的养老保险待遇问题，只要等到他符合法定退休年龄，他的养老保险还是会足额按月发放的，只是他目前不能提前支取。

8. 国家公务员是否可以提前申请退休?

【案情简介】

赵先生是国家某部委的处长，今年55岁，从他22岁参加工作到今年，已经工作了整整33年了。看着最近几年，他的同学都在商场上摸爬滚打，赚了不少钱，赵先生心里也着实痒痒，想要下海赚钱，可是碍于自己是公务员的身份，又被禁止经商。赵先生虽然想过要辞职，但考虑到公务员退休后的待遇很好，因此又狠不下心，在这种情况下，赵先生能否申请提前退休呢?

案例评析

在我国，公务员执行的退休政策与企业、事业单位的工作人员是不同的。具体到退休政策而言。依据我国《公务员法》第八十八条规定："公务员符合下列条件之一的，本人自愿提出申请，经任免机关批准，可以提前退休：（一）工作年限满三十年的；（二）距国家规定的退休年龄不足五年，且工作年限满二十年的；（三）符合国家规定的可以退休的其他情形的。"因此，就赵先生的情况来看，因为他工作年限已满三十年了，符合《公务员法》规定的，因此他可以向单位提出申请，如果任免单位批准，他就可以提前退休了。并且，在他退休后，依据《公务员法》第八十九条规定："公务员退休后，享受国家规定的退休金和其他待遇，国家为其生活和健康提供必要的服务和帮助，鼓励发挥个人专长，参与社会发展。"因此，即使他之后下海经商失败，他的晚年生活也是有保障的，可以依法享受国家规定的退休金和其他待遇。

【法律依据】《公务员法》第八十八条；第八十九条。

9. 农村信用社职工退休有哪些特殊规定？

【案情简介】

王大姐是农村信用社的一名普通职工，2002年，她听说国家对农村信用社职工退休有一些特殊规定，就想打听一下国家对农村信用社职工退休究竟都有哪些特殊规定？

案例评析

农村信用社职工和离退休人员参加企业职工养老保险制度是养老保险制度实施的特殊政策。

《劳动和社会保障部、财政部、中国人民银行关于农村信用社参加基本养老保险社会统筹有关问题的通知》（劳社部发

〔2001〕3号）第一部分规定，农村信用社在编正式职工（包括原固定工和合同制职工）和符合国家规定的离退休人员，从2001年1月1日起参加地方的企业职工基本养老保险社会统筹。（以下简称参加社会统筹）。

该文件的第三部分规定，农村信用社参加地方统筹前已经离退休的人员，养老保险待遇原则上维持不变。其中，属于劳动保障部门核定的统筹项目内养老金，从统筹基金中支付，由社会保险经办机构确保发放，统筹项目外的部分，由农村信用社负担。

参加地方统筹后退休的人员，其基本养老保险待遇要按照平稳过渡的原则，逐步向所在省市统一的企业职工基本养老保险制度并轨。

第五部分规定，对于目前未实行养老保险统筹的农村信用社，其职工自2001年1月1日起按当地企业职工基本养老保险规定参加地方统筹。在地方社会保险机构统一为职工建立个人账户至2000年年底之前，职工的个人账户不予补给，职工在此期间的工作年限也不视同缴费年限；但职工在地方保险机构建立个人账户以前的连续工龄应视同缴费年限。

【法律依据】《劳动和社会保障部、财政部、中国人民银行关于农村信用社参加基本养老保险社会统筹有关问题的通知》。

10. 农民合同制工人如何办理退休?

【案情简介】

张老汉1995年开始来北京打工，到今年他57岁已经整整经历了12个年头了。最近他听说自己作为农民工，应当也和城里人一样可以享受退休的待遇。请问农民合同制工人该如何办理退休呢？

案例评析

依照我国目前的有关规定，凡是与企业建立劳动关系的职工，无论他是集体户口还是城市户口，都应当参加养老保险。因此养老保险的参保职工就不可避免地会包含一部分进城打工的农民。农民合同制工人参加养老保险本身具有其特殊性。首先，他们的工作时期具有不稳定性，有的农民可能在农忙的时候回家下地干活，在农闲的时候才出来打工，也有的农民出来打工几年赚够了钱就回家盖房娶媳妇结婚了；其次，目前农民的养老问题尚未纳入我国的企业职工养老保险体系，如果农民合同制工人要回农村，按照现行规定，他们的养老保险关系是无法一起转移到农村的。因此，对于农民合同制工人的退休，我国目前有特殊政策对其进行规定。

依照相关政策规定，农民合同制工人参加养老保险后，其与用人单位解除或终止劳动关系后，养老保险关系仍由社会保险经办机构保留。待其重新找到工作后可以予以接续或转移，前后缴费年限可以累计计算。农民合同制工人达到退休年龄，缴费年限符合规定，可以按月享受养老金待遇。倘若农民合同制工人本人要求，又符合当地规定，也可以一次性将其养老保险个人账户中的个人缴费部分领走。如果重新参加工作，再重新参加养老保险。

农民合同制工人在男年满 60 周岁，女年满 55 周岁时，累计缴费年限在 15 年以上的，可按照规定领取基本养老金；缴费年限不满 15 年的，其个人账户全部储存额一次性支付给本人。

11. 老年人在退休后赴境外定居的，其退休金应当如何领取?

【案情简介】

张奶奶的丈夫早年就因病去世了，是张奶奶自己独立把两个儿子抚养成人的。现在两个儿子长大了，都有出息了，大儿子与二儿子先后取得了美国的绿卡，现在都在美国定居。两个儿子感到自己的母亲年岁大了，如果留在国内照顾起来多有不便，因此就希望把张奶奶接到美国安度晚年。张奶奶自己也感觉已经在国内没什么亲人了，因此也愿意赴美国养老，只是自己从单位退休后，每月还有1000多元的退休金，不知道这笔钱在出国后应该如何领取。请问，张奶奶在退休赴境外居住后，她的退休金应当如何领取呢?

案例评析

对于离退休人员出国定居后，其离退休金应当如何领取的问题，有关文件作出了专门规定。

《劳动和社会保障部办公厅关于进一步规范基本养老金社会化发放工作的通知》（劳社厅发〔2001〕8号）规定，在国内异地居住或在国外定居的离退休人员，经向社会保险经办机构申请并办理相关手续后，其基本养老基金可以委托亲属或他人代领。在国内异地居住的，也可以委托社会保险经办机构通过邮局、银行寄汇给本人；出国定居的，若国内无亲属或他人代领，本人要求社会保险经办机构将款寄汇至国外的，汇费由其个人负担。

出国定居的离退休人员，每年向负责支付其基本养老金的社会保险经办机构提供一次由我国驻该国使馆出具的居住证明（未与我国建立外交关系的国家，由当地公证机关出具）。

综上所述，张奶奶由于在国内也没有其他亲属为其代领养老金了，她本人可以要求当地的社会保险经办机构将每个月的养老金按月寄汇至美国就可以了，只是要由张奶奶支付相应的汇款费用。另外张奶奶还应当记住每年向支付她基本养老金的社会保险经办机构提供一次由我国驻美国使馆出具的居住证明就可以了。

【法律依据】《劳动和社会保障部办公厅关于进一步规范基本养老金社会化发放工作的通知》（劳社厅发〔2001〕8号）。

12. 退休人员外出疗养期间发生意外伤害算不算工伤?

【案情简介】

王先生是国家某部委的局长，2001年，王先生从工作岗位退休了。2003年3月，王先生的原工作单位组织老干部外出学习疗养，王先生遂欣然前往。不想在从疗养地返回单位的途中，王先生所乘坐的单位客车发生了车祸，王先生身受重伤。回到家之后，王先生认为自己是在单位组织外出疗养期间受的伤，属于工伤，因此要求享受工伤待遇。而单位认为王先生已经从单位退休，因此他的受伤不能构成工伤，自然也就不能享受工伤待遇。请问王先生的这种情况能否构成工伤呢？

案例评析

职工在退休后即与原工作单位终止了劳动关系。而工伤则只能发生于与企业建立劳动关系的职工身上。因此退休人员因为离开了工作与生产岗位，即使出现了伤亡也与工作及生产无关，不能构成工伤。

但是，本案中值得注意的是，王先生由于是在单位组织的外出过程中遭遇车祸受伤的，因此单位应对其负有一种合理的看护义务，如果有证据表明是由于其所乘坐的单位车辆的驾驶员存在过错，没有尽到合理的看护义务而导致王先生遭遇车祸受伤，则王先生虽不能要求单位为其认定为工伤，但仍可以追究单位的民事赔偿责任。

13. 什么是“买断工龄”，这种做法合法吗？

【案情简介】

王大伯所工作的企业近些年来效益一直不太好，最近厂子提出要对包括王大伯在内的一批接近退休年龄的职工采取买断工龄的方式，解除与他们的劳动关系，同时他们之后的养老保险等问题，单位也不再负责，工厂负责人同时还说，如果王大伯不接受买断工龄，等以后企业倒闭了，他们就一分钱都拿不到了。请问，企业要求买断工龄的做法正确吗？

案例评析

所谓“买断工龄”，就是某些企业按照工龄长短给予职工相应的经济补偿，实行对工龄的“一次性买断”。职工在被买断工龄之后，即丧失了之前的工作年限和养老保险年限，这样一来职工即使在日后到了法定的退休年龄，也无法正常办理退休手续，领取养老金。

《劳动法》第七十三条第二款规定：“劳动者死亡后，其遗属依法享受遗属津贴。劳动者享受社会保险待遇的条件和标准由法律、法规规定。劳动者享受的社会保险金必须按时足额支付。”因此企业不能以经济效益不好、濒临破产为由，将本应按月支付给职工的养老金改由买断工龄的方式一次结清，这种“买断工龄”的行为是为法律所严格禁止的，任何单位不得以任何理由予以实施。至于工厂负责人所说的企业倒闭后职工就拿不到一分钱的现象也不存在，因为我国企业目前实施企业养老保险制度，职工的养老金是在职工退休后由社会保险统筹支付的。企业倒闭与否并不影响职工养老金的取得。

此外，我们应当注意把“买断工龄”与企业正常的解除劳动合同并支付给职工经济补偿相区分。单位依照《劳动法》第二十八条规定：“用人单位依据本法第二十四条、第二十六条、第二十七条的规定解除劳动合同的，应当依照国家有关规定给予经济补偿。”并且依据劳动和社会保障部颁布的《违反和解除劳动合同的经济补偿办法》（劳部发〔1994〕481 号）规定依法定程序和条件，支付给职工补偿金，就可以合法的与职工解除劳动关系。

【法律依据】《劳动法》第二十八条、第七十三条第二款；《违反和解除劳动合同的经济补偿办法》。

14. 身份证和档案上的出生日期不一致该如何处理职工的退休问题?

【案情简介】

王先生出生于 1942 年 7 月，由于 1960 年他急于参加工作，便偷偷将户口簿上的出生年龄改为了 1940 年 7 月，时光一转眼过了 40 年，到了 2000 年，王先生的工作单位依据他的身份证认定王先生已经年满 60 岁，应当依照国家规定退休。王先生提出自己当年擅自改变了自己户口簿上的出生日期，自己实际岁数应该为 58 岁，还未到法定退休年龄，可以继续工作。后来经单位人事部门证明，王先生的档案上也确实记载着王先生的出生年月是1942年。请问在这种情况下，身份证和档案上的出生日期不一致该如何处理王先生的退休问题？

案例评析

出生日期是办理职工退休的一个重要依据，在一般情况下，一个人的出生日期在其档案、户口簿和身份证上自然应当是一致的，但是在某些特殊情况下，某些人由于工作、生活或入学、参军等需要，再或者由于户籍管理部门的工作失误，会导致这几份登记资料发生矛盾的情形，本案就属于这种情况。依据我国目前现行法律规定，男职工在年满60周岁的时候可以办理退休。本案中争议的焦点就在于应当以公安部门颁发的身份证还是以职工自己的档案来确定职工的出生日期，如果依照王先生的身份证，王先生就应该办理退休手续而不得拖延，如果依照王先生的档案，王先生就可以继续工作到2002年再办理退休手续。根据《劳动和社会保障部关于制止和纠正违反国家规定办理企业职工提前退休有关问题的通知》（劳社部发〔1999〕8号）规定，关于职工出生时间的认定，实行居民身份证与职工档案相结合的办法核定。当本人身份证与档案记载的出生时间不一致时，以本人档案最先记载的出生时间为准。根据上述规定，王先生的出生日期应当以他的档案为准，王先生就可以继续工作到2002年再办理退休手续。

【法律依据】《劳动和社会保障部关于制止和纠正违反国家规定办理企业职工提前退休有关问题的通知》（劳社部发〔1999〕8号）。

15. 退休人员死亡后家属应当向社会保险经办机构报告吗?

【案情简介】

张老先生在1995年从单位退休后，每个月都由儿子张某某代他到银行领取退休金。2004年，张老先生不幸因病医治无效去世了。在张老先生去世后，张某某没有向任何单位和个人透露这个消息，而是继续领取张老先生的养老金。直到2006年2月，张老先生生前工作的单位来慰问张老先生，才发现他已去世好几年了。请问张某某这种擅自隐瞒不报告的做法是否合法?

案例评析

张某某的行为已经违犯了国家的相关规定，应当依法承担相应的法律责任。

对于离退休人员死亡后的基本养老金处理问题，劳动和社会保障部《关于进一步规范基本养老金社会化发放工作的通知》第五条规定："已纳入社区管理的企业离退休人员死亡后，其亲属和户籍所在地（或常年居住地）的街道社区服务组织要在7日内向负责支付其基本养老金的社会保险经办机构报告；尚未纳入社区管理的企业离退休人员死亡后，其亲属要在3日内向死亡者原单位报告，原单位应在4日内向社会保险经办机构报告；异地居住的离退休人员死亡后，其亲属要在7日内向负责支付其基本养老金的社会保险经办机构报告。社会保险经办机构在接到报告并审核死亡证明材料有效后，应及时办理支付丧葬补助等项费用的手续，同时终止死亡离退休人员的基本养老保险关系。"同时，为了规定对私自隐瞒职工死亡情况骗取养老金的人员的法律责任，该通知在第八条又规定：“对弄虚作假违规办理离退休手续的人员，社会保险经办机构应立即停发基本养老金，并限期收回或从其以后应领取的基本养老金中逐步扣除已经冒领的金额；离退休人员死亡后，其亲属或他人冒领基本养老金的，社会保险经办机构应责令冒领者退还冒领金额，劳动保障行政部门依法给予处罚；对拒不退还冒领金额者，社会保险经办机构可向人民法院申请强制执行。”

【法律依据】《关于进一步规范基本养老金社会化发放工作的通知》第五条、第八条。

16. 社会保险经办机构在何种情形下可以停发退休人员的基本养老保险?

【案情简介】

王先生是A市大型国有企业的职工，于1998年退休，退休后王先生的儿子处于照顾王先生比较方便的需要，便把王先生接到了自己所在的B市居住。2004年6月，王先生的原工作单位所在的A市为了防止离退休人员在死亡后，其家属拒不报告而冒领养老金的行为，因此发出通知，要求全市所有离退休人员在2004年12月31日之前到原工作单位报到，如果确实行动不便或有其他原因不能按时报到的，应当及时向单位出具生存证明，逾期未能报到或提供生存证明的，视为该人员已经死亡并停发其基本养老金。王先生由于在A市已经没有任何亲人了，因此未能及时接到通知。于是A市在2005年1月开始停发了王先生的基本养老金。请问A市停发王先生养老金的做法合法吗?

案例评析

基本养老金是职工的最基本的生活保障，非经法定情形与法定程序不得停发。我国对于基本养老金在何种情况下应该停发有明确的规定。依据劳动和社会保障部《关于进一步规范基本养老金社会化发放工作的通知》第七条规定："离退休人员发生下列情形之一，社会保险经办机构应停发或暂时停发其基本养老金：

（一）无正当理由不按规定提供本人居住证明或其他相关证明材料的；

（二）下落不明超过6个月，其亲属或利害关系人申报失踪或户口登记机关暂时注销其户口的；

（三）被判刑收监执行或被劳动教养期间的；

（四）法律、法规规定的其他情形。

发生以上第（一）、（二）、（四）项情形的离退休人员，经社会保险经办机构确认仍具有领取基本养老金资格的，应从停发之月起补发并恢复发放基本养老金；发生以上第（三）项情形的离退休人员，服刑或劳动教养期满后可按服刑或劳动教养前最后一次领取的标准继续发给基本养老金。"

本案中，王先生由于在外地居住，没有及时接到要求出具生存证明的通知，属于事出有因，不属于"无正当理由不按规定提供本人居住证明或其他相关证明材料的情形"，并且他的情况也不属于上述法律规定所列的其他情况，因此A市停发其基本养老金缺乏法律依据，应属违法。

【法律依据】《关于进一步规范基本养老金社会化发放工作的通知》第七条。

17. 农垦企业的职工能否参加养老保险?

【案情简介】

张某夫妇都是某农场的职工，他们本身都有城镇户口而非集体户口。从1997年起，为了调动职工的积极性，提高大家的收入，农场实施了承包制，职工在承包土地后独立进行经营，在向农场的管理机关交纳一定数额的承包费后其他收益都归职工自己所有，农场的管理机关原则上只收取承包费，不负责其他工作，也不干涉职工的正常生产活动。2004年，张某夫妇随着年岁越来越大，开始担心自己日后的养老保障由谁来负责。他们找到农场的办公室主任，要求参加基本养老保险。主任答复他们说，由于农场职工和农民一样从事农业生产，因此即使他们是城镇户口也不能参加基本养老保险。请问农场办公室主任的回答正确吗?

案例评析

农场办公室主任的回答是错误的。基本养老保险制度作为我国社会保障体系的一个重要组成部分，目前确实还没有覆盖到持有集体户口的农村居民身上。但是，对于持有城镇户口的农垦企业职工，我国还是作出了特殊规定，农垦企业职工可以参加养老保险。劳动部、财政部、农业部、国务院侨务办公室于2003年6月5日联合发布了《关于农垦企业参加企业职工基本养老保险有关问题的通知》，具体规定如下：

(1) 从2003年7月1日起，各地要按规定将农垦企业及其职工纳入当地基本养老保险范围。从事非农业生产的企业单位和职工，执行当地统一的企业职工基本养老保险政策；从事农业生产的企业和职工，实行符合农业生产特点的参保办法。

（2）农垦企业参加基本养老保险原则上实行属地管理。对于规模较大、跨行政区域分布的企业，可作为一个单位参加地市级或省本级的基本养老保险。实行省内垂直管理的农垦企业，也可以作为一个单位参加基本养老保险，并由省级管理。

（3）农垦企业参加基本养老保险，执行当地统一的基本养老保险缴费比例。

从事非农业生产职工的个人缴费，原则上以本人上年度月平均工资为基数；从事农业生产的职工，缴费基数可按本省农垦企业平均工资核定，缴费方式可以采取按月申报，按月或按季、收获季节缴纳。

农垦企业单位缴费根据企业具体情况核定。从事非农业生产的，原则上以单位工资总额作为缴费基数；从事农业生产的，可采取与土地耕作面积挂钩等办法合理核定，以保证基金收入的稳定增长基本养老保险缴费比例。

（4）本通知下发前已经参加基本养老保险的农垦企业退休人员，各地应进一步规范有关待遇政策，清理统筹项目，核定基本养老金标准。本通知下发后参加基本养老保险的农垦企业原已退休人员，劳动保障部门要按照国家有关规定对其退休条件进行审核认定，并结合当地实际情况核定基本养老金水平，核定后的基本养老金水平不低于当地城市居民最低生活保障标准。

符合国家规定条件退休的农业职工，基础养老金可以本省农垦企业职工平均缴费工资为基数计发。为保持本通知下发前后退休人员基本养老金水平的平稳衔接，要根据基金承受能力对新退休人员基本养老金的增长幅度适当控制。

（5）农垦企业及其职工参加基本养老保险后，是否补缴参保之前的基本养老保险费并同时补发基本养老金，由省级人民政府决定。

(6) 各地要采取有效措施，对农垦企业实行基本养老保险费全额征缴，并加大征缴力度，做到应收尽收。要按照国家有关规定，切实加强基本养老保险基金管理，实行专款专用，严禁挤占挪用。要建立健全规章制度，加强各项基础管理，特别是个人账户的建账、记账和对账等工作。

(7) 各地要加大基本养老保险基金调剂力度，对农垦企业离退休人员基本养老金实行社会化发放。对农垦企业的基金收支缺口，各级政府要采取措施，调整财政支出结构，认真加以解决。中央财政对困难地区农垦企业参保后增加的基金缺口，通过专项转移支付方式给予适当补助。

(8) 已经实行撤场建区、乡、镇的农垦企业，改制后属于机关事业单位的在职职工和离退休人员，执行机关事业单位的退休制度，所需经费由同级财政按规定负担；实行独立核算的工商企业及其职工、改制前参加工作的农业职工，以及原农垦企业的离退休人员纳入企业基本养老保险统筹范围。

(9) 华侨农（林）场参加基本养老保险依照本通知精神执行。

【法律依据】《关于农垦企业参加企业职工基本养老保险有关问题的通知》。

18. 户籍不在参保地的老年人应当如何办理退休手续?

【案情简介】

赵某是天津市一大型国有企业的业务骨干，1995 年，他被唐山某私营企业高薪挖走，干了 3 年合同期满后，赵某由于与企业老板有矛盾，又南下广州，与当地一家企业签订了劳动合同。经过这几次跳槽，赵某的户口还一直在天津，但是他是在广州市参加的基本养老保险。现在赵某已经59岁了，请问赵某在户籍不在参保地广州的情况下应当如何办理退休手续呢？

案例评析

依照我国相关法律规定，户籍不在参保地的人员应当由其最后参保地的劳动保障部门负责办理退休手续。

对于这种情况，劳动和社会保障部在《关于对户籍不在参保地的人员办理退休手续有关问题的复函》中指出：

（1）参保人员因工作流动在不同地区参保的，不论户籍在何地，其在最后参保地的个人实际缴费年限，与在其他地区工作的实际缴费年限及符合国家规定的视同缴费年限，应合并计算，作为享受基本养老金的条件。

（2）参保人员达到法定退休年龄时，其退休手续由其最后参保地的劳动保障部门负责办理，并由最后参保地的社会保险经办机构支付养老保险待遇。

（3）在非户籍地参保的原行业统筹企业的职工，与原单位终止劳动合同并失业后，在实现再就业前，原参保地社会保险经办机构应保留其养老保险关系。在异地实现再就业的，原参保地社会保险经办机构应为其及时办理养老保险关系的转移手续，接受地的社会保险经办机构要及时为其接续基本养老保险关系。

【法律依据】《关于对户籍不在参保地的人员办理退休手续有关问题的复函》。

19. 转制科研机构和工程勘察设计单位转制前的离退休人员待遇应如何处理?

【案情简介】

张某是一家科研机构的研究人员，2003 年，张某从单位光荣退休了。2004 年，经过国务院批准，张某所在的科研机构进行了转制。张某对此比较担心，觉得以前的事业单位现在变成企业了，会不会单位转制前退休的人员的待遇会受到影响呢？请问，转制科研机构和工程勘察设计单位转制前的离退休人员待遇应如何处理？

案例评析

转制科研机构和工程勘察设计单位转制前的离退休人员待遇确实会有一定程度的调整，但是张某也不必过分担心，因为这种调整并不会导致他的待遇降低，国家对于此种情况专门由劳动和社会保障部、人事部、财政部、科技部、建设部出台了《关于转制科研机构和工程勘察设计单位转制前的离退休人员待遇调整等问题的通知》，该通知具体规定如下：

（1）有正常事业费的转制单位，转制前离退休人员不再执行企业离退休人员基本养老金调整办法，社会保险经办机构只负责发放接收时按规定标准核定的基本养老金，以后不再增加。从 2001 年开始，其离退休待遇调整纳入国家统一的事业单位离退休费调整范围，由财政部门按统一的补助标准和现有经费渠道安排所需资金，并由离退休人员原单位负责发放。2001 年地方已经按企业办法为转制前离退休人员增加的基本养老金，由社会保险经办机构扣回。

（2）没有正常事业费的转制单位，转制前离退休人员按规定标准核定的基本养老金继续由社会保险经办机构发放。基本养老金调整按企业的办法执行，所需费用从基本养老保险统筹基金中支付。国家统一出台事业单位离退休费调整政策时，转制前离退休人员按企业办法增加的基本养老金与按事业单位办法增加的离退休费的差额部分，由原单位视经济情况自筹资金解决，并做好在职职工和离退休人员的稳定工作。

（3）中央所属的178家工程勘察设计单位以及建设部等11个部门（单位）所属的134个科研机构在职职工，可参照《国务院办公厅转发人事部、财政部关于调整机关事业单位工作人员工资和增加离退休人员离退休费四个实施方案的通知》（国办发〔2001〕14号）的规定，调整在职职工工资，并纳入社会保险的缴费基数。调整工资所需资金，有正常事业费的转制单位由财政部门按同类事业单位的调资政策和现行资金渠道予以补助，没有正常事业费的转制单位自筹资金解决。此后，这些单位在职职工调整工资按企业工资政策执行。

（4）本通知下发后，《国务院办公厅转发建设部等部门关于中央所属工程勘察设计单位体制改革实施方案的通知》（国办发〔2000〕71号）、《关于国家经贸委管理的10个国家局所属科研机构转制后有关养老保险问题的通知》（劳社部发〔2000〕2号）、《关于印发建设部等11个部门（单位）所属134个科研机构转制方案的通知》（国科发政字〔2000〕300号）中的有关规定与本通知不一致的，按本通知规定调整，其他政策规定继续执行。

【法律依据】《关于转制科研机构和工程勘察设计单位转制前的离退休人员待遇调整等问题的通知》。

20. 干部转岗为工人后，按照什么年龄标准办理退休？职工办理退休是按现在的岗位还是按照之前的岗位？

【案情简介】

王师傅是某国有企业的车间主任，2001年，工厂由于经济效益不好关闭了部分车间，王师傅工作的车间就在被关闭的车间之列，车间关闭后，工厂将王师傅调到别的工作岗位工作，只是王师傅车间主任的职务被取消了，他被转岗为了普通工人。王师傅想问一下，干部转岗为工人后，按照什么年龄标准办理退休？另外转岗会对退休年龄产生什么影响吗？

案例评析

王师傅从干部转为工人，并不影响他的退休年龄。因为按照劳动和社会保障部1999年3月9日发布了《关于制止和纠正违反国家规定办理企业职工提前退休有关问题的通知》（劳社部发〔1999〕8号），通知指出：国家法定的企业职工退休年龄是男年满60周岁，女工人年满50周岁，女干部年满55周岁。从事井下、高温、高空、特别繁重体力劳动或其他有害身体健康工作的，退休年龄男年满55周岁，女年满45周岁，因病或非因工致残，由医院证明并经劳动鉴定委员会确认完全丧失劳动能力的，退休年龄为男年满50周岁，女年满45周岁。

由上述规定可以看出，男干部和男工人互相转变工作岗位后，不存在退休年龄的变更问题，他们的退休年龄一律都是法定的60周岁。至于女干部转岗为工人，则可以在50周岁的时候退休；相应的，女工人转岗为女干部的，则可以在年满55周岁的时候再退休，这是针对一般工作岗位转岗而言的基本原则。

至于在特殊工作岗位转岗对退休年龄的影响，国家也作出了专门规定。根据《国务院关于工人退休、退职的暂行办法》（国发〔1978〕104号）第一条第二款规定，从事井下、高空、高温、特别繁重体力劳动或者其他有害身体健康的工作，男年满55周岁、女年满45周岁，连续工龄满10年的职工就可以退休了。同时为了体现对特殊工种岗位工作者的特殊照顾，国家还规定，从事特别繁重体力劳动工作满10年，从事井下、高空、高温、等工作满9年，从事对身体有毒有害工作满8年（以下简称10、9、8）的工人，转岗从事一般工作的，退休年龄仍可比照在一般工作岗位上的同性别者减少5年。即在特殊工作岗位上工作满10、9、8年的工人，转换到非特殊工作岗位从事干部工作的工人，退休年龄按干部的正常退休年龄减少5年，即：男55周岁、女55周岁就可以退休。

但是符合《国务院关于工人退休、退职的暂行办法》（国发〔1978〕104号）第一条第二款，并且工作满10年、9年、8年的干部，转岗到非特殊岗位作为工人工作后，应按工人的正常退休年龄减少5岁，也就是男55周岁退休，女45周岁退休。对于在非特殊岗位工作的干部，转岗到特殊岗位做工人的，应该按照《国务院关于工人退休、退职的暂行办法》（国发〔1978〕104号）第一条第二款规定的退休年龄，也就是男55周岁、女45周岁退休。

【法律依据】《关于制止和纠正违反国家规定办理企业职工提前退休有关问题的通知》（劳社部发〔1999〕8号）。

21. 事业单位工作人员如何增加工资？离退休后还可以提高职务工资档次吗？

【案情简介】

王老师是一家事业单位的研究员，她对自己的工资什么时候涨，怎么涨一直不太清楚，请问事业单位工作人员如何增加工资？另外她还想知道，过几年她退休后还可以提高职务工资档次吗？

案例评析

自从1993年机关、事业单位工作人员工资制度改革后，事业单位工作人员正常情况下要涨工资，主要有以下四种途径：第一种是正常升级增加工资；第二种是晋升职务、技术等级增加工资；第三种是事业单位定期调整工资标准；第四种是提高工作人员的津贴水平。

关于正常升级增加工资的办法，《事业单位工作人员工资制度改革方案》（国发〔1993〕79号文件）第七条第一款明确规定："全额拨款和差额拨款的单位，在严格考核的基础上，对其工作人员实行正常升级。对于考核合格的工作人员，每两年晋升一个工资档次，对于考核不合格的，不得晋升。对少数考核优秀并做出突出贡献的专业技术人员，可以提前晋升或越级晋升。自收自支单位，可以参考企业的办法，在国家相关政策规定的范围内，根据其经济效益增长情况，自主安排升级。"

工作人员离退休后，不再增加工资和提高职务工资档次，而是增加离退休费。关于离退休人员增加离退休费的办法，《事业单位工作人员工资改革方案》第十条第三款规定："在职人员根据经济发展情况、企业相当人员工资水平状况和物价指数变动情况调整工资标准时，离退休人员按照调整工资标准的幅度也相应的增加离退休费。"

【法律依据】《事业单位工作人员工资制度改革方案》（国发〔1993〕79号文件）。

二、养老保险

核心提示

养老保险是社会保障制度的重要组成部分，是社会保险五大险种中最重要的险种之一。所谓养老保险（或养老保险制度），又称老年社会保险或年金保险，是指劳动者达到法定老年年龄并从事某种劳动达法定年限后，由国家和社会依法给予一定物质帮助，以维持其养老生活的一种社会保险法律制度。

养老保险作为社会保险的组成部分，除了具备社会保险的一般法律特征，即普遍适用性、国家强制性、互助救济性、福利补偿性等外，还具有如下法律特征：第一，劳动者达到法定老年年龄并从事某种劳动达法定年限，是享受养老保险的法定条件。第二，劳动者被依法解除法定劳动义务，是享受养老保险的事实前提。第三，国家和社会依法给予一定物质帮助给被解除劳动义务的劳动者，以维持其老年生活是养老保险的宗旨。第四、养老保险是适用最为广泛的社会保险项目。

养老保险的作用：首先、它能使劳动者老有所养，保证劳动者在被依法解除法定劳动义务之后能够获得一定的生活保障。其次、养老保险具有调节收入分配的作用。再次、养老保险具有调动劳动者积极性和提高劳动生产率的作用。最后、养老保险具有保障社会安定的作用。

从一般意义而言，养老保险的保障对象为全体劳动者，也就是说，每个劳动者都有权利获得他们年老时所需要的生活帮助和补偿。但由于受我国社会经济发展状况等多种因素影响，并非每一个劳动者都能一体享受到养老保险待遇，全体劳动者都享受养老保险有一个渐进发展的过程。

我国原有养老保险制度是传统计划经济体制的产物，随着我国社会经济的发展和市场经济的建立、发展与逐步完善，养老保险制度的改革势在必行。原有养老保险制度的不和谐主要体现在：1. 原有养老保险制度适用范围狭窄，不适应社会化大生产和市场经济发展的需求。原有养老保险制度和改革中的基本养老保险制度主要适用于城镇的国有企业，城镇区、县以上集体企业和外商投资企业参照执行，区、县以下集体企业、私营企业、城镇个体劳动者基本上还没有实行法定的养老保险制度；全民和集体企业中的劳动合同制职工、临时工，以及区、县以下集体企业、私营企业、新产生的股份制企业和个体劳动者，至今没有统一的养老保险制度；国家机关和事业单位职工的养老问题由国家财政解决；广大农民被排除在外，形成了以所有制为界限的现象。2. 原有养老保险制度实行两套立法模式，不适应社会化大生产和市场经济发展所提出的统一立法要求。国家机关和事业单位职工的养老保险与城镇全民企业职工的养老保险分别立法，分类实施，形成以干部和工人身份为界限确定养老保险待遇的不平等现象。3. 原有养老保险制度社会化程度低，抵抗风险的能力差，同时，由于实行企业养老保险，社会调剂功能差，形成以劳动者的企业隶属界限确定养老保险待遇的现象。4. 养老保险基金来源不合理。原有养老保险制度完全由国家和企业负担，职工个人只享受待遇，不缴纳或少缴纳养老保险费用。5. 养老保险金计发标准脱离实际。原有养老保险金以标准工资为计发基数，存在三大缺陷。一是标准工资在职工工资收入中占比例越来越小，保障功能弱。二是以标准工资作为养老保险金计发基数的办法也不利于劳动工资制度的改革。三是现行计发标准，与基本养老保险费用社会统筹的改革措施不配套，给养老保险制度的整体改革带来阻力。6. 没有建立养老保险金的正常调整机制。传统计划经济体制下，我国养老保险金的标准一经确定，很少进行调整。养老保险金的标准只有不断的随着社会经济的发展进行调整，才能更好地体现养老保险的保障功能。

我国自20世纪80年代以来就对原有养老保险制度进行改革。改革的内容是：1. 养老保险制度适用范围的扩大。逐步扩大到城镇所有国有企业、集体企业、外商投资企业、私营企业、股份制企业、联营企业及其职工，具备条件的地区可以扩展到城镇个体劳动者和私营企业主，直至农民劳动者；并实行适用于各类劳动者的统一制度、统一标准、统一管理和统一调剂使用基金的基本养老保险制度。2. 建立多层次养老保险相结合的制度。多层次养老保险是指基本养老保险与企业补充养老保险和职工个人储蓄性养老保险相结合的一种养老制度。3. 改革养老保险资金来源负担。实行基本养老保险费用由企业和个人共同负担，并由国家财政予以补贴的办法。4. 社会统筹与个人账户相结合。5. 实现养老保险基金筹集、监督、管理和发放的社会化。这需要设置专门的养老保险基金管理机构。6. 建立正常养老保险基金调节机制。7. 实行养老保险行政管理与基金管理、执行机构与监督机构分设的管理体制。

发放养老保险金的条件是：首先，年龄条件。我国要求男性年满60周岁，女性年满50周岁达到老年，有权享受养老保险待遇。法律法规对劳动者的老年年龄有特殊规定的，从其规定；其次，工龄条件。我国规定，职工连续工龄满10年，国家公务员提前退休一般需连续工龄满20年，连续工龄满30年者提前退休可不受年龄限制。因工伤致残而完全丧失劳动能力的职工，退休不以连续工龄为条件；再次，缴费年限。我国一些地区的缴费年限为10年。国际劳动组织建议为15年。

以案说法

1. 农民合同制职工可否享受养老保险待遇?

【案情简介】

王某和张某两个农民进城打工，二人选择了四川成都作为打工地点。二人在成都的火车北站下了车，开始了漫漫的寻工之路。后来，在寻工过程中，在九眼桥认识了许多前来打工的人，后经其中一人介绍，王某和张某于2001年1月与某机械公司签订劳动合同，他二人被招录为该机械公司的农民合同制职工。半年后，张某发现机械公司没有为自己和王某缴纳养老保险，可是机械公司却为其他职工缴纳了养老保险。于是张某和王某找到机械公司的领导询问此事。但公司领导却答复说：你二人属于农民合同制职工，而其他职工是城镇正式职工，二者待遇不同，公司没有责任为农民合同制职工缴纳养老保险费用。双方遂发生争议，那么王某和张某这两个农民合同制职工可否享受养老保险待遇呢?

案例评析

本案争议的焦点是王某和张某这两个农民合同制职工可否享受养老保险待遇的问题。根据《中华人民共和国劳动法》的第七十二条规定：“社会保险基金按照保险类型确定资金来源，逐步实行社会统筹。用人单位和劳动者必须依法参加社会保险，缴纳社会保险费。”可以看出《中华人民共和国劳动法》并没有区分劳动者的性质，而是一视同仁地要求用人单位和劳动者必须依法参加社会保险，缴纳社会保险费。农民合同制职工作为劳动者，也应该享有养老保险待遇的权利，只不过在领取养老金的方式上不同于城镇劳动者罢了。

本案反映了农民合同制职工权益保护的问题，这是我国法律界、社会界、学术界所关注的问题。我国亦制定大量的法规来保护农民合同制职工权益。近年来，我国越来越注重保护农民合同制职工享受社会保险的待遇。劳动和社会保障部 1999 年《关于贯彻两个条例扩大社会保险覆盖范围加强基金征缴工作的通知》第二条中明确规定了扩大社会保险覆盖范围的工作重点和有关政策。它要求城镇异地就业的职工和农民合同制职工参加单位所在地的社会保险，社会保险经办机构为职工建立基本养老保险个人账户和基本医疗保险个人账户。城镇异地就业的职工在缴费单位所在地按规定享受社会保险待遇。农民合同制职工在终止或解除劳动合同后，社会保险经办机构可以将基本养老保险和基本医疗保险个人账户储存额及失业保险生活补助一次性发给本人。紧接着，在 2001 年劳动和社会保障部又颁布了《关于完善城镇职工基本养老保险政策有关问题的通知》，该通知第四条规定：“参加养老保险的农民合同制职工，在与企业终止或解除劳动关系后，由社会保险经办机构保留其养老保险关系，保管其个人账户并计息，凡重新就业的，应接续或转移养老保险关系；也可按照省级政府的规定，根据农民合同制职工本人申请，将其个人账户个人缴费部分一次性支付给本人，同时终止养老保险关系，凡重新就业的，应重新参加养老保险。农民合同制职工在男年满 60 周岁、女年满 55 周岁时，累计缴费年限满 15 年以上的，可按规定领取基本养老金；累计缴费年限不满 15 年的，其个人账户全部储存额一次性支付给本人。”

就本案而言，王某和张某于2001年1月被招录为机械公司的农民合同制职工，他二人应该和其他职工享有平等的权利，公司有责任为农民合同制职工缴纳养老保险费用。机械公司不为王某和张某缴纳养老保险费用违反了我国劳动和社会保障部1999年《关于贯彻两个条例扩大社会保险覆盖范围加强基金征缴工作的通知》第二条和2001年劳动和社会保障部又颁布了《关于完善城镇职工基本养老保险政策有关问题的通知》第四条等规定。所以，机械公司应该为农民合同制职工王某和张某补缴在劳动合同期限内的养老保险费用。

【法律依据】《中华人民共和国劳动法》第七十二条，《关于贯彻两个条例扩大社会保险覆盖范围加强基金征缴工作的通知》第二条，《关于完善城镇职工基本养老保险政策有关问题的通知》第四条。

2. 双方约定不参加养老保险之后，劳动者还可以请求单位补交吗？

【案情简介】

某市，已经有多年销售经验的黄某北上寻找新的工作。很快，黄某于2003年受聘于某器材公司，担任销售部经理，并与公司签订了劳动合同。双方在劳动合同中清楚明确的约定：“每月公司给付黄某2.5万元的工资，由黄某自己缴纳养老保险等社会保险费用。”双方之所以会如此约定，是因为按照器材公司的解释说，既然公司支付劳动者这么高的工资，那么就相当于把该交的养老保险等的费用支付给了劳动者，由劳动者黄某自己缴纳养老保险也是合理的。而且黄某自己也觉得每月工资2.5万元的确比较高，也很满意自己现在的工作，因此也就同意了劳动合同中关于工资的条款，没有对此提出异议。2006年，黄某因对器材公司将自己调到其他部门的人事调动感到不满，遂向公司提出辞职，同时他还提出了器材公司应该为其补交养老保险等社会保险费用。而器材公司亦拿出双方签署的劳动合同，指出“由黄某自己缴纳养老保险等社会保险费用”这一条款是双方共同约定的，公司是严格按照劳动合同的约定履行，因此器材公司拒绝为黄某补交养老保险等社会保险费用。那么器材公司该不该为黄某补交养老保险等社会保险费用呢？

案例评析

本案争议的焦点是劳动者因为多拿工资而同意公司不参加养老保险在内的社会保险，那么劳动者可否要求公司为其补交养老保险等社会保险费用的问题。从法律的角度上讲，双方当事人的这一约定，准确的说是关于“由黄某自己缴纳养老保险等社会保险费用”的这一条款是无效的。1994年07月05日由全国人民代表大会常务委员会颁布的《中华人民共和国劳动法》的第七十二条规定：“社会保险基金按照保险类型确定资金来源，逐步实行社会统筹。用人单位和劳动者必须依法参加社会保险，缴纳社会保险费。”刚通过没多久的《劳动合同法》的第二十六条规定用人单位免除自己的法定责任、排除劳动者权利的部分是无效的。国务院1999年颁布的《社会保险费征缴暂行条例》等亦规定，用人单位应当为劳动者办理社会保险，这是用人单位的法定义务。由于用人单位为劳动者办理养老保险在内的社会保险是其法定义务，是国家法律的强制性规定。因此本案涉及的劳动合同中“由黄某自己缴纳养老保险等社会保险费用”的这一条款是无效的，器材公司应当为黄某补缴养老保险等社会保险费用。进一步说，自黄某于2003年受聘于某器材公司时开始，公司就该为黄某缴纳养老保险等社会保险费用。

但是毕竟劳动合同是双方共同签署的，而且黄某自己也同意劳动合同中关于养老保险等条款，也没有对此提出异议。可以看出，不仅器材公司，而且黄某本人虽然在自愿的基础上达成对养老保险等条款的合意，但双方均是明知不参加养老保险等社会保险会带来不利后果，也就是说器材公司和黄某对这一条款的无效，在主观上都具有过错。根据《中华人民共和国民法通则》第六十一条第一款规定："民事行为被确认为无效或者被撤销后，当事人因该行为取得的财产，应当返还给受损失的一方。有过错的一方应当赔偿对方因此所受的损失，双方都有过错的，应当各自承担相应地责任。"也就是说器材公司和黄某应当各自承担相应的责任，故而应当相应地减少器材公司的补缴金额，黄某应当承担一定的不利后果。

综上所述，本案涉及的劳动合同中"由黄某自己缴纳养老保险等社会保险费用"的这一条款是无效的，器材公司应当为黄某补缴养老保险等社会保险费用。但因为黄某对这一条款的无效，在主观上具有过错，所以应当相应地减少器材公司的补缴金额。

【法律依据】《中华人民共和国劳动法》的第七十二条，《劳动合同法》的第二十六条，《中华人民共和国民法通则》第六十一条第一款。

3. 企业因经营困难无力缴费，企业退休职工能领到养老金吗？

【案情简介】

在北京某区，某化工厂系属一国有企业，由于长期经营不善，加上对外负债资金周转不灵，又排放大量污水到水中，引发周边群众不满从而导致口碑极差，所以职工工资发不出，而且养老保险费也无法缴纳。于是当地社会保险经办机构因社会保险基金不足，遂作出减发化工厂这一企业下的所有退休人员的基本养老金。得知这个消息后，许多化工厂的退休人员纷纷找化工厂厂长协调此事，并打电话、写信给有关部门询问说法。可是却叫天天不应，叫地地不灵，当地社会保险经办机构依旧坚持减发化工厂这一企业下的所有退休人员的基本养老金这一做法。那么，社会保险经办机构的做法对吗？企业因经营困难无力缴费，化工厂的退休职工能领到未削减的养老金吗？

案例评析

我国国务院2000年5月28日颁布的《国务院关于切实做好企业离退休人员基本养老金按时足额发放和国有企业下岗职工基本生活保障工作的通知》第一条规定：“切实加强领导，增强做好两个确保工作的政治责任感。各级人民政府要坚决贯彻落实党中央、国务院制定的有关方针、政策，一把手要直接负责，经常了解两个确保工作情况，认真研究解决工作中的困难和问题。各级劳动保障、经贸、财政、民政等有关部门要密切配合，建立工作协商制度，加强工作交流和协调。企业领导班子要关心职工特别是离退休人员和下岗失业人员的生活，认真履行及时足额缴纳社会保险费的义务。要重视做好两个确保的宣传工作，发挥舆论和社会监督作用。对今年新发生拖欠的离退休人员基本养老金和未按规定发放的下岗职工基本生活费以及代缴的社会保险费，各地要尽快予以补发和补缴；对今后因工作不力而再度发生此类问题的地区，要在全国范围内予以通报批评，并追究当地政府领导的责任。”和第四条规定：“确保企业离退休人员基本养老金按时足额发放，加快实现管理服务的社会化。各地要通过加强基本养老保险费征缴、财政补助等措施，确保基本养老金按时足额发放。目前仍实行基本养老保险费差额缴拨的地区，要在今年9月底前改为全额缴拨。各地不得实行行业间的封闭运行，对尚未完全实行基本养老保险省级统筹的地区，在明确保证发放责任的同时，要加大基金调剂力度，对当期发放确有困难的地区要及时实施基金调剂。对基本养老金计发标准要认真进行清理，凡属国家规定统筹项目内的基本养老金，必须保证足额发放；统筹项目外的，应由企业根据效益情况自行确定。实行基本养老金社会化发放是确保按时足额发放、减轻企业负担的重要手段，也是建立独立于企业之外的社会保障体系的必要条件。各地要制定基本养老金社会化发放的工作方案和实施计划，力争在今年年底前基本实现由社会保险经办机构发放或委托银行、邮局等社会服务机构发放基本养老金的目标。要充分发挥街道办事处、居委会和社区服务组织的作用，为将退休人员纳入社区管理提供服务。”同时北京市根据此通知，亦颁布了《北京市人民政府关于切实做好企业离退休人员基本养老金按时足额发放和国有企业下岗职工》，该地方规章的第三条规定：“确保企业离退休人员基本养老金按时足额发放，加快实现管理服务的社会化要强化养老保险基金的征缴工作，确保基本养老金按时足额发放。按照国务院的要求，本市将逐步实现养老保险基金由差额缴拨改为全额缴拨。各区县、各部门要认真贯彻财政部、劳动和社会保障部新颁布的《社会保险基金财务制度》、《社会保险基金会计制度》，将各项社会保险基金纳入社会保障基金财政专户，市、区（县）财政部门要加强对社会保险基金收支的管理，做好财务账日的清理和新旧财务会计制度的衔接。要加大基金调剂力度，对当前发放确有困难的地区，要及时实施基金调剂。

对基本养老金计发标准要认真进行清理，凡属国家规定统筹项目内的基本养老金，必须保证足额发放；统筹项目外的，应由企业根据效益情况自行确定，并向退休人员做好解释工作。实行基本养老金社会化发放是确保按时足额发放、减轻企业负担的重要手段，也是建立独立于企业、事业单位之外的社会保障体系的必要条件。基本养老金社会化发放工作要按照《北京市人民政府办公厅转发市劳动和社会保障局关于实行企业离退休人员基本养老金社会化发放工作意见的通知》（京政办发〔2000〕31号）精神实施，今年年底前，本市地方所属企业要全部实现由社会保险经办机构委托银行、邮局等社会服务机构发放基本养老金的目标。要充分发挥街道办事处、居委会和社区服务组织的作用，为退休人员提供服务。”

同时，劳动和社会保障部《对〈关于足额发放企业离退休人员基本养老金有关问题的请示〉的复函》第二条亦规定：“1998年6月1日起确保基本养老金按时足额发放，对长期欠缴基本养老保险企业的离退休人员的基本养老金不得采取减发措施。”

具体到本案中，化工厂所在地的社会保险经办机构因社会保险基金不足，遂作出减发化工厂这一企业下的所有退休人员的基本养老金的做法是不对的，对长期欠缴基本养老保险企业的离退休人员的基本养老金不得采取减发措施。因此化工厂的退休人员不必如此担心。

【法律依据】《国务院关于切实做好企业离退休人员基本养老金按时足额发放和国有企业下岗职工基本生活保障工作的通知》第一条、第四条，劳动和社会保障部《对〈关于足额发放企业离退休人员基本养老金有关问题的请示〉的复函》第二条。

4. 买断工龄所发的工龄补贴能否替代养老保险费?

【案情简介】

某市，吴某等15人是某国有化工厂职工，1992年化工厂改制为国有独资公司，并拒绝为职工缴纳养老保险。2000年，该股份有限公司进行改革，实行“买断工龄”和退出养老保险统筹。公司发给吴某等15名职工工龄补贴，该工龄补贴即是从1992年到2000年间公司应缴而未缴纳的养老保险统筹金的本金和利息。但吴某等15名职工对此表示异议，要求公司为他们向社会保险经办机构补缴从1992年到2000年间公司应缴而未缴纳的养老保险费。公司的总经理却答复说：第一，你们（吴某等15名职工）领取了工龄补贴，就已经和公司不存在劳动关系了；第二，公司是按照当地政府文件进行的改制，并支付了高于政策和本地区生活标准的工龄补贴，因此公司不应该再为你们缴纳从1992年到2000年间的养老保险费了。吴某等15名职工愤怒至极，双方于是发生了激烈的争吵。那么买断工龄所发的工龄补贴能否替代养老保险费吗?

案例评析

本案的争议焦点是买断工龄所发的工龄补贴能否替代养老保险费的问题。在现实生活中，这样的例子不在少数。企业改制过程中，停止参加社会保险，拒绝缴纳养老保险费或者以买断工龄所发的工龄补贴来替代养老保险费的做法等都是错误的。

劳动和社会保障部于2001年颁布了《关于完善城镇职工基本养老保险政策有关问题的通知》，其中，第二条规定：“职工与企业解除或终止劳动关系后，职工养老保险关系应按规定保留，由社会保险经办机构负责管理。”而企业通常采取的“买断”做法，实际上是基于《中华人民共和国劳动法》第二十六条、第二十七条、第二十八条的规定，在与劳动者解除劳动合同时根据劳动者的工作年限给劳动者支付的经济补偿，其本身并不会造成劳动者工龄的丧失。涉及相关法规主要是，《中华人民共和国劳动法》第二十六条：“有下列情形之一的，用人单位可以解除劳动合同，但是应当提前三十日以书面形式通知劳动者本人：（一）劳动者患病或者非因工负伤，医疗期满后，不能从事原工作也不能从事由用人单位另行安排的工作的；（二）劳动者不能胜任工作，经过培训或者调整工作岗位，仍不能胜任工作的；（三）劳动合同订立时所依据的客观情况发生重大变化，致使原劳动合同无法履行，经当事人协商不能就变更劳动合同达成协议的。”《中华人民共和国劳动法》第二十七条：“用人单位濒临破产进行法定整顿期间或者生产经营状况发生严重困难，确需裁减人员的，应当提前三十日向工会或者全体职工说明情况，听取工会或者职工的意见，经向劳动行政部门报告后，可以裁减人员。”《中华人民共和国劳动法》第二十八条：“用人单位依据本法第二十四条、第二十六条、第二十七条的规定解除劳动合同的，应当依照国家有关规定给予经济补偿。”

所以，本案中吴某等15人的职工养老保险关系应按规定保留，由社会保险经办机构负责管理。养老保险是国家为了保障职工退休后的基本生活而建立的一种社会保险制度，任何单位和个人不得以任何理由拒绝参加社会保险和缴纳社会保险费用。公司买断工龄所发的工龄补贴不能替代养老保险费，该公司应该为吴某等15人向社会保险经办机构补缴从1992年~2000年间的养老保险费。

【法律依据】劳动和社会保障部《关于完善城镇职工基本养老保险政策有关问题的通知》第二条，《中华人民共和国劳动法》第二十六条、第二十七条、第二十八条。

5. 职工提出解除劳动合同，企业能要求职工交回为其缴纳的养老保险费吗?

【案情简介】

在山西某市，职工王某好不容易才与用人单位某煤炭公司签订了为期4年的劳动合同。煤炭公司也为其缴纳了养老保险，大家都说王某找了个好工作。但王某由于性格孤僻，与人合不来，所以在合同履行1年后，王某便提出解除劳动合同。而恰好此时正是采煤忙缺少人手的时候，用人单位煤炭公司于是不同意王某的请求，并提出“如果王某要解除合同，就得如数交回单位为其缴纳的养老保险费。”王某不同意，王某认为缴纳养老保险是用人单位应尽的法定义务，自己不负返还责任。于是王某与用人单位某煤炭公司双方发生劳动争议。那么职工王某提出解除劳动合同，企业能要求交回为其缴纳的养老保险费吗?

案例评析

这起案例争议的焦点的是职工王某提出解除劳动合同，煤炭公司可不可以要求他交回为其缴纳的养老保险费的问题。1994年7月5日第八届全国人民代表大会 常务委员会第八次会议通过的《中华人民共和国劳动法》第七十二条明确规定：“用人单位和劳动者必须依法参加社会保险，缴纳社会保险费。”即是说企业为职工缴纳养老保险费，是国家法律规定的，必须执行。根据《中华人民共和国劳动法》第三十一条规定："劳动者解除劳动合同，应当提前三十日以书面形式通知用人单位。"和2007年6月29日第十届全国人民代表大会常务委员会第二十八次会议通过的《中华人民共和国劳动合同法》第三十七条规定："劳动者提前三十日以书面形式通知用人单位，可以解除劳动合同。劳动者在试用期内提前三日通知用人单位，可以解除劳动合同。"就是说王某享有辞职权，用人单位煤炭公司无权阻挠，但这并不意味着劳动者不承担相应的法律责任。这笔养老保险是职工王某退休后最基本的生活保障，也是劳动者依法得到的劳动报酬的一部分，即使职工王某单方提出解除劳动合同，单位也只能依法追究其违反劳动合同的责任而不能要求其退回为其缴纳的养老保险费。

不过，如果单位建立了补充养老保险制度，职工单方提出解除劳动合同，用人单位为其缴纳的补充养老保险费是否退还，则应按照劳动合同中双方达成的协议来处理。

【法律依据】《中华人民共和国劳动法》第三十一条、第七十二条，《中华人民共和国劳动合同法》第三十七条。

6. 企业破产后，职工的养老保险怎么办？

【案情简介】

董某曾是某市国有企业的一名职工。2000年，企业破产了，董某曾从市社会保险局领到一笔2万元的退休金和医疗费，之后，就再也没有领到任何费用。对此，董某表示异议，于是他就去询问市社会保险局的工作人员。市社会保险局的工作人员解释说，由于董某所在的国有企业连年亏损，按照市政府有关部门当时的联合发文规定，企业破产时，由当地财政局、社会保险局、破产企业主管部门分别拿出部分资金，一次性安置企业的职工和离退休人员，社会保险局已经于2000年出钱解决了包括董某在内的该国有企业的职工和离退休人员安置问题，因此，今后将不会负担其他费用。董某听了之后，心凉了半截，觉得自己单位破产以后，自己就一点归属感都没有了，而现在居然还要雪上加霜。那么该市社会保险局的这种做法对吗，企业破产后职工的养老保险怎么办？

案例评析

国务院于 1994 年颁布的《国务院关于在若干城市试行国有企业破产有关问题的通知》第五条规定：“破产企业离退休职工的离退休费和医疗费由当地社会养老、医疗保险机构负责管理。破产企业参加养老保险、医疗保险基金社会统筹的，其离退休职工的离退休费、医疗费由当地社会养老、医疗保险机构分别从养老保险、医疗保险基金社会统筹中支付。没有参加养老保险、医疗保险基金社会统筹或者养老保险、医疗保险基金社会统筹不足的，从企业土地使用权出让所得中支付；处置土地使用权所得不足以支付的，不足部分从处置其他破产财产所得中拨付。”国务院于 1997 年颁布的《国务院关于在若干城市试行国有企业兼并破产和职工再就业有关问题的补充通知》第五条规定：“妥善安置破产企业职工：各试点城市人民政府要积极推广上海市实施再就业工程的经验，结合劳动就业、社会保障制度的改革和当地具体情况，从上到下建立再就业服务中心，积极开拓就业门路，关心破产企业职工生活，妥善安置破产企业职工，保持社会稳定。安置破产企业职工的费用，从破产企业依法取得的土地使用权转让所得中拨付。破产企业以土地使用权为抵押物的，其转让所得也应首先用于安置职工，不足以支付的，不足部分从处置无抵押财产、抵押财产所得中依次支付。破产企业财产拍卖所得安置职工仍不足的，按照企业隶属关系，由同级人民政府负担。职工安置费一律拨付到再就业服务中心，统筹使用。安置费标准，原则上按照破产企业所在试点城市的企业职工上年平均工资收入的3倍计算，试点城市人民政府根据当地实际情况从严掌握，不得随意突破。暂时尚未就业的职工，由再就业服务中心发给基本生活费，再就业后即停止拨付。自谋职业的可一次性付给安置费，标准不高于试点城市的企业职工上年平均工资收入的3倍。破产企业离退休职工的离退休费和医疗费由当地社会养老、医疗保险机构负责管理。破产企业参加养老保险、医疗机构基金社会统筹的，其离退休费、医疗费由所在试点城市社会养老、医疗保险机构分别从养老保险、医疗保险基金社会统筹中支付。没有参加养老、医疗保险基金社会统筹或者养老保险、医疗保险基金社会统筹不足的，从企业土地使用权出让所得中支付；处置土地使用权所得不足以支付的，不足部分从处置无抵押财产、抵押财产所得中依次支付。”

原劳动部《关于不得对企业离退休人员采取一次性结算离退休金的通知》第一条明确指出：“凡执行《国务院关于工人退休、退职的暂行办法》（国发〔1978〕104号）的地区，对于达到国家法定退休年龄和工龄条件，办理退休、退职手续的，必须严格按照国家有关规定，按月支付退休（退职）金，不得采取一次性结算退休（退职）金的办法。”《关于不得对企业离退休人员采取一次性结算离退休金的通知》第二条规定：“凡按照《国务院关于深化企业职工养老保险制度改革的通知》（国发〔1995〕6号）进行基本养老金计发办法改革的地区，对于达到国家法定退休年龄、缴费年限（含视同缴费年限）达到规定年限（如10年或15年）的人员，必须按规定按月支付其养老金，不得采取一次性结算退休（退职）金的办法。”

可以看出，某市社会保险局的这种做法是不对的，《关于不得对企业离退休人员采取一次性结算离退休金的通知》的开头就指出这种作法是错误的，必须予以纠正。市社会保险局应该按照国家有关规定计算出董某的每月的退休费用，收回已多发或弥补少发的退休金，并在今后由市社会保险局按月向董某发放养老保险金。

【法律依据】《国务院关于在若干城市试行国有企业破产有关问题的通知》第五条，《国务院关于在若干城市试行国有企业兼并破产和职工再就业有关问题的补充通知》第五条，劳动部《关于不得对企业离退休人员采取一次性结算离退休金的通知》第一条、第二条。

7. 退休人员下落不明后，养老金应该怎么发？

【案情简介】

赵某夫妇同在一个纺织公司上班，他二人是公司的模范夫妻。两个人都在 2004 年退休。退休之后，在一次游玩中，失足双双掉下山去。之后都没有赵某夫妇两个人的消息，大家都以为二人必死无疑，所以当地社会保险经办机构决定不再发给赵某夫妇两人养老金。可是赵某夫妇在跌下山时被树所挡并由当地贫困农村的村民救下，养伤达 9 个月之久。9 个月之后，赵某夫妇又双双出现在众人面前，众人皆叹赵某夫妇福大命大。可是就养老金的发放问题，赵某夫妇与当地社会保险经办机构产生争议。赵某夫妇认为当地社会保险经办机构应该补发自己 9 个月下落不明期间的养老保险金。可是当地社会保险经办机构认为赵某夫妇在游玩中失足双双掉下山去而下落不明是众人皆知的事实，而且当地的媒体也报道了此事，社会保险经办机构不应该为被众人认为"已经死的人"

发放养老保险金。那么退休人员赵某夫妇下落不明后，养老金应不应该发给赵某夫妇？

案例评析

《劳动部办公厅关于退休职工下落不明应从何时停发退休待遇问题的复函》规定，退休人员失踪，下落不明在6个月以内的，其退休待遇可照发，从第7个月起停发其退休待遇。走失后又复回的，停发的待遇应补发。在赵某夫妇失踪的9个月里，下落不明在6个月以内的，其退休待遇可照发，从第7个月起到第9个月停发其退休待遇。走失后又复回的，停发的待遇应补发。因此，当地社会保险经办机构的做法是不对的。

【法律依据】《劳动部办公厅关于退休职工下落不明应从何时停发退休待遇问题的复函》。

8. 对于养老保险，只能继承个人账户中个人缴费的部分吗？

【案情简介】

彭某是某市制药厂的正式职工，突然有一天下班后，在家里做晚饭时，遭人撬门入室抢劫，彭某在反抗过程中被歹徒杀死，身中五刀。其妻子三天后从外地旅游回来时才发现自己的老公彭某已经死亡。悲愤之余，当地社会保险经办机构将彭某个人账户中个人缴费的部分作为遗产发放给彭某的妻子。彭某的妻子提出质疑，她认为，对于彭某的养老保险中的单位缴费部分也应该继承，这部分是职工劳动创造的价值，也应该为职工所有。那么对于养老保险，只能继承个人账户中个人缴费的部分吗？

案例评析

按照国发〔1997〕26号文《国务院关于建立统一的企业职工基本养老保险制度的决定》第四条规定：“按本人缴费工资11%的数额为职工建立基本养老保险个人账户，个人缴费全部记入个人账户，其余部分从企业缴费中划入。随着个人缴费比例的提高，企业划入的部分要逐步降至3%。个人账户储存额，每年参考银行同期存款利率计算利息。个人账户储存额只用于职工养老，不得提前支取。职工调动时，个人账户全部随同转移。职工或退休人员死亡，个人账户的个人缴费部分可以继承。”也就是说彭某的妻子（假定彭某没有立遗嘱，也没有其他法定继承人）只能继承个人账户中个人缴费的部分。

在基本养老金个人账户中，个人缴费部分体现着自我保障，企业缴费划入部分体现着一定范围的社会互助，它们都是用于保障职工本人退休后的生活。养老保险制度只对职工退休后的余命时间提供全程生活保障。在个人账户存储积累额支付完后，如果退休人员还活着，那么仍要按照原计划标准继续发放养老金，但此时个人账户存储积累额已经支付完毕，因此就需要动用个人账户中企业缴费部分。养老保险的互济性决定了只能继承个人缴费部分，这增强了社会抵御劳动风险的能力。

【法律依据】《国务院关于建立统一的企业职工基本养老保险制度的决定》第四条。

9. 统一企业养老保险制度后，按新办法计发的养老金是否会降低？

【案情简介】

某市，刘某是某制造企业的1986年的老职工，他于2000年退休。可是国务院却于1997年颁布了《国务院关于建立统一的企业职工基本养老保险制度的决定》，刘某担心自己的养老保险金会因此而受到影响。于是他询问了企业领导和律师，得到的答复是按照新办法计发的养老保险待遇不会比按老办法计发的养老保险待遇低的。那么这个答复对不对呢，统一企业养老保险制度后，按新办法计发的养老待遇是否会比按老办法计发的养老保险待遇低呢？

案例评析

近年来，各地区和有关部门按照《国务院关于深化企业职工养老保险制度改革的通知》（国发〔1995〕6号）要求，制定了社会统筹与个人账户相结合的养老保险制度改革方案，建立了职工基本养老保险个人账户，促进了养老保险新机制的形成，保障了离退休人员的基本的生活，企业职工养老保险制度改革取得了新的进展。但是，由于这项改革仍处在试点阶段，目前还存在基本养老保险制度不统一、企业负担重、统筹层次低、管理制度不健全等问题，必须按照党中央、国务院确定的目标和原则，进一步加快改革步伐，建立统一的企业职工基本养老保险制度，促进经济与社会健康发展。为此，国务院于1997年颁布了《国务院关于建立统一的企业职工基本养老保险制度的决定》，该决定第五条规定："本决定实施后参加工作的职工、个人缴费年限累计满15年的，退休后按月发给基本养老金。基本养老金由基础养老金和个人账户养老金组成。退休时的基础养老金月标准为省、自治区、直辖市或地（市）上年度职工月平均工资的20%，个人账户养老金月标准为本人账户储存额除以120。个人缴费年限累计不满15年的，退休后不享受基础养老金待遇，其个人账户存额一次支付给本人。本决定实施前已经离退的人员，仍按国家原来的规定发给养老金，同时执行养老金调整办法。各地区和有关部门要按照国家规定进一步完善基本养老金正常调整机制，认真抓好落实。本决定实施前参加工作、实施后退休且个人缴费和视同缴费年限累计满15年的人员，按照新老办法平衡衔接、待遇水平基本平衡等原则，在发给基础养老金和个人账户养老金的基础上再确定过渡性养老金，过渡性养老金从养老保险基金中解决。具体办法，由劳动部会同有关部门制订并指导实施。”

由此可见，统一企业养老保险制度后，按新办法计发的养老待遇不会比按老办法计发的养老保险待遇低。《国务院关于建立统一的企业职工基本养老保险制度的决定》实施后参加工作的职工也不存在降低养老保险待遇的问题。从《国务院关于建立统一的企业职工基本养老保险制度的决定》中可以看出，刘某属于本决定实施前参加工作、实施后退休且个人缴费和视同缴费年限累计满15年的人员，应该按照新老办法平衡衔接、待遇水平基本平衡等原则，在发给基础养老金和个人账户养老金的基础上再确定过渡性养老金，过渡性养老金从养老保险基金中解决。这是因为像刘某这样的职工在统一企业职工基本养老保险制度实施之前参加工作、实施后退休的人员，他们的个人账户建立的时间短，没有多少积累，如果只有基础养老金和个人账户建立的养老金，肯定会影响他们的退休待遇，所以《国务院关于建立统一的企业职工基本养老保险制度的决定》增加了过渡性养老金来保护这些人的利益。因此本案中的刘某可以安心的退休了。

【法律依据】《国务院关于建立统一的企业职工基本养老保险制度的决定》第五条。

三、医疗保险

◈ **核心提示**

我国五十年代初建立的公费医疗和劳保医疗统称为职工医疗保险。它是国家社会保障制度的重要组成部分，也是社会保险的重要项目之一。在理论上，医疗保险又称为健康保险，是指劳动者因患病或非因工负伤治疗期间，可以获得必要的医疗费资助和疾病津贴的一种社会保险制度。

医疗保险具有社会保险的强制性、互济性、社会性等基本特征。因此，医疗保险制度通常由国家立法，强制实施。

建立医疗保险的意义：第一，能够消除和化解劳动者所遭遇的疾病风险，保证劳动者的基本生活。第二，有利于调节公民之间收入之间的差别，体现社会公平。通常保险费的设计是收入越高，缴纳的保险费也越高。

我国的医疗保险实施四十多年来在保障职工身体健康和维护社会稳定等方面发挥了积极的作用。但是，随着社会主义市场经济体制的确立和国和企业改革的不断深化，这种制度已难以解决市场经济条件下的职工基本医疗保障问题。它存在如下缺陷：1. 享受医疗保险的人员范围狭窄。我国传统的医疗保险制度只适用于机关事业单位工作人员、国有企业及部分集体企业的职工。城镇其他劳动者，特别是非公有制劳动者的职工或雇员没有基本医疗保险。2. 医药费完全由国家和企业负担，而医药费的开支不断增加，加重了国家和企业的负担。3. 医疗保险费的管理缺乏科学有效的办法，造成医疗费用浪费现象严重。4. 原有医疗保险制度社会化程度低。医疗保险费都是由国家划拨或从企业福利提留费中开支，没有建立起医疗费用统筹机制。

我国自20世纪80年代以来就对原有医疗保险制度进行改革。国务院于1998年12月下发了《国务院关于建立城镇职工基本医疗保险制度的决定》（国发〔1998〕44号），部署全国范围内全面推进职工医疗保险制度改革工作，要求1999年内全国基本建立职工基本医疗保险制度。改革的内容是：1. 覆盖范围。其覆盖范围为城镇所有用人单位，包括企业（国有企业、集体企业、外商投资企业、私营企业等）、机关、事业单位、社会团体、民办非企业单位及其职工，都要参加基本医疗保险。乡镇企业及其职工、城镇个体经济组织业主及其从业人员是否参加基本医疗保险，由各省、自治区、直辖市人民政府决定。2. 统筹层次。基本医疗保险原则上以地级以上行政区（包括地、市、州、盟）为统筹单位，也可以县（市）为统筹单位，北京、天津、上海三个直辖市原则上在全市范围内实行统筹（以下简称统筹地区）。3. 属地管理原则。所有用人单位及其职工都要按照属地管理原则参加所在统筹地区的基本医疗保险，执行统一政策，实行基本医疗保险基金的统一筹集、使用和管理。铁路、电力、远洋运输等跨地区、生产流动性较大的企业及其职工，可以相对集中的方式异地参加统筹地区的基本医疗保险。4. 缴费比例。基本医疗保险费由用人单位和职工共同缴纳。用人单位缴费率应控制在职工工资总额的6%左右，职工缴费率一般为本人工资收入的2%。随着经济发展，用人单位和职工缴费率可作相应调整。5. 统账结合。要建立基本医疗保险统筹基金和个人账户。基本医疗保险基金由统筹基金和个人账户构成。职工个人缴纳的基本医疗保险费，全部计入个人账户。用人单位缴纳的基本医疗保险费分为两部分，一部分用于建立统筹基金，一部分划入个人账户。划入个人账户的比例一般为用人单位缴费的30%左右，具体比例由统筹地区根据个人账户的支付范围和职工年龄等因素确定。统筹基金和个人账户要划定各自的支付范围，分别核算，不得互相挤占。要确定统筹基金的起付标准和最高支付限额，起付标准原则上控制在当地职工年平均工资的10%左右，最高支付限额原则上控制在当地职工年平均工资的4倍左右。起付标准以下的医疗费用，从个人账户中支付或由个人自付。起付标准以上、最高支付限额以下的医疗费用，主要从统筹基金中支付，个人也要负担一定比例。超过最高支付限额的医疗费用，可以通过商业医疗保险等途径解决。统筹基金的具体起付标准、最高支付限额以及在起付标准以上和最高支付限额以下医疗费用的个人负担比例，由统筹地区根据以收定支、收支平衡的原则确定。6. 医疗保险基金管理和监督。基本医疗保险基金纳入财政专户管理，专款专用，不得挤占挪用。社会保险经办机构负责基本医疗保险基金的筹集、管理和支付，并要建立健全预决算制度、财务会计制度和内部审计制度。社会保险经办机构的事业经费不得从基金中提取，由各级财政预算解决。基本医疗保险基金的银行计息办法：当年筹集的部分，按活期存款利率计息；上年结转的基金本息，按3个月期整存整取银行存款利率计息；存入社会保障财政专户的沉淀资金，比照3年期零存整取储蓄存款利率计息，并不低于该档次利率水平。个人账户的本金和利息归个人所有，可以结转使用和继承。各级劳动保障和财政部门，要加强对基本医疗保险基金的监督管理。审计部门要定期对社会保险经办机构的基金收支情况和管理情况进行审计。统筹地区应设立由政府有关部门代表、用人单位代表、医疗机构代表、工会代表和有关专家参加的医疗保险基金监督组织，加强对基本医疗保险基金的社会监督。7. 加强医疗服务的管理。主要的改革措施包括：第一，确定基本医疗保险的服务范围和标准。第二，实行定点医疗机构（包括中医医院）和定点药店管理。第三，对医疗机构进行成本核算。第四、积极发展社区卫生服务。8. 解决有关人员的医疗待遇。离休人员、老红军的医疗待遇不变，医疗费用按原资金渠道解决，支付确有困难的，由同级人民政府帮助解决。离休人员、老红军的医疗管理办法由省、自治区、直辖市人民政府制定。二等乙级以上革命伤残军人的医疗待遇不变，医疗费用按原资金渠道解决，由社会保险经办机构单独列账管理。医疗费支付不足部分，由当地人民政府帮助解决。退休人员参加基本医疗保险，个人不缴纳基本医疗保险费。对退休人员个人账户的计入金额和个人负担医疗费的比例给予适当照顾。国家公务员在参加基本医疗保险的基础上，享受医疗补助政策。具体办法另行制定。为了不降低一些特定行业职工现有的医疗消费水平，在参加基本医疗保险的基础上，作为过渡措施，允许建立企业补充医疗保险。企业补充医疗保险费在工资总额4%以内的部分，从职工福利费中列支，福利费不足列支的部分，经同级财政部门核准后列入成本。国有企业下岗职工的基本医疗保险费，包括单位缴费和个人缴费，均由再就业服务中心按照当地上年度职工平均工资的60%为基数缴纳。

以案说法

1. 职工因患急病而在非定点医院治疗的费用能否请求报销?

【案情简介】

潘某原系某市龙腾医药制造公司（以下简称医药公司）销售部经理。1999年8月，因私自收受回扣经人举报被医药公司免去部门经理职务，但由于他个人业务能力很强又和客户源有着较深的联系，所以医药公司仍留他在销售部任销售员，只不过罢了他的职务而已。虽然留潘某在公司，但公司的管理层因潘某私自收受回扣而对潘某很不满意。2003 年春节期间，潘某带着妻儿前往外地探望父母，在此期间，潘某因突发心脏病导致休克住进医院，住院治疗 20 天后出院，共花去医药费 7325.5 元人民币。潘某回到医药公司后，持病历、医药费发票等有关单据要求医药公司予以报销，医药公司以资金暂时周转不灵为由，告知潘某暂缓报销。同年 12 月，潘某因累计旷工 40 天被医药公司除名。2004 年 1 月 8 日，潘某再次找到医药公司，要求医药公司报销其在外地住院期间的医药费用，医药公司以潘某看病并非在定点医院及其已被除名为由，拒绝报销医药费用。在多方求助无果的情况下，潘某向市劳动争议仲裁委员会提出仲裁申请，要求被诉人医药公司报销医药费 7325.5 元人民币。那么潘某因患急病而在非定点医院治疗的费用，是否有权请求医药公司报销？

案例评析

本案争议的焦点是潘某因患急性心脏病导致休克而在非定点医院治疗的费用，是否有权请求医药公司报销的问题。《中华人民共和国劳动保险条例》第十三条规定："疾病、非因工负伤、残废待遇的规定：甲、工人与职员疾病或非因工负伤，在该企业医疗所、医院、特约医院或特约中西医师处医治时，其所需诊疗费、手术费、住院费及普通药费均由企业行政方面或资方负担"。劳动和社会保障部、卫生部、国家中医药管理局于 1999 年颁布的《城镇职工基本医疗保险定点医疗机构管理暂行办法》第十二条规定："参保人员应在选定的定点医疗机构就医，并可自主决定在定点医疗机构购药或持处方到定点零售药店购药。除急诊和急救外，参保人员在非选定的定点医疗机构就医发生的费用，不得由基本医疗保险基金支付。"《中华人民共和国劳动保险条例细则修正草案》第四十九条规定："实行劳动保险的企业，已设立医疗机构者，应根据必要与可能的情况，充实设备，并应建立健全制度；未建立医疗机构者，应单独或联合设立医疗所或医院；如因条件限制不能设立，应有特约医院或特约中西医师，为病伤工人职员负责医治。所有有关医疗所、医院、特约医院、特约中西医师的一切费用，均由企业行政方面或资方负担。"从上述法律、法规的规定中不难看出：享有劳保待遇的职工潘某，凡是在定点医院（即合同医院）就医所需的医药费用等，可以报销；对于不在定点医院就医所花费的医药费用，一般不给予报销，但是，对于职工潘某在正当外出期间（如出差、探亲等）因患急性病，在非选定的定点医院就诊所发生的医药费用等，应该可以报销，其主要理由如下：其一，劳动者在患病、非因工（公）负伤时依法享有劳动保险待遇的权利，对此，《中华人民共和国劳动法》第三条、第七十三条已有明文规定。〔附：《中华人民共和国劳动法》第三条："劳动者享有平等就业和选择职业的权利、取得劳动报酬的权利、休息休假的权利、获得劳动安全卫生保护的权利、接受职业技能培训的权利、享受社会保险和福利的权利、提请劳动争议处理的权利以及法律规定的其他劳动权利。劳动者应当完成劳动任务，提高职业技能，执行劳动安全卫生规程，遵守劳动纪律和职业道德。"《中华人民共和国劳动法》第七十三条："劳动者在下列情形下，依法享受社会保险待遇：（一）退休；（二）患病、负伤；（三）因工伤残或者患职业病；（四）失业；（五）生育。劳动者死亡后，其遗属依法享受遗属津贴。劳动者享受社会保险待遇的条件和标准由法律、法规规定。劳动者享受的社会保险金必须按时足额支付。"其二，对于职工在正当外出期间急性病，仍要求职工回定点医院就诊在实践上难以成立，也不合情理，毕竟急性病不同于一般疾病，如不及时进行医治，后果难以设想，甚至死亡。

本案例中，申诉人潘某原系医药公司职工，依然能享有医疗保险待遇的权利，在外地探亲期间患上心脏病导致休克，在外地医治本是十分自然的事情，因所患急性病的特殊性，医药公司有义务为其报销医药费等，片面要求申诉人潘某在患上急性病后赶回企业所在地医治，于情理实难成立。劳动者与用人单位之间的劳动关系是劳动者享有医疗保险待遇的基础，只要劳动关系存在，那么劳动者依法所享有的医疗保险待遇的权利便不能剥夺。本案例中，申诉人潘某要求被诉人医药公司报销的医药费用，是在申诉人潘某除名之前发生的，申诉人在外地就医期间，申诉人与被诉人之间仍存在劳动关系。至于医药费在申诉人被除名之后尚未报销，完全是被诉人一直以来不满意潘某本人而一拖再拖所致，责任在被诉人医药公司。以劳动关系解除为由拒绝履行劳动关系存续期间产生的法定义务不符合我国劳动法律、法规的有关规定。因此，医药公司应当为潘某报销医药费用 7325. 5 元。但是值得注意的是，如果参保人员患急病不能到定点医疗机构就医时，应当在病情稳定后及时转回本人的定点医疗机构，否则，其后发生的一切治疗费用都由参保人员自己承担。

【法律根据】《中华人民共和国劳动保险条例》第十三条，《城镇职工基本医疗保险定点医疗机构管理暂行办法》第十二条，《中华人民共和国劳动保险条例细则修正草案》第四十九条，《中华人民共和国劳动法》第三条、第七十三条。

2. 在医疗期内，用人单位可以解除劳动合同而停止支付医疗保险费用吗?

【案情简介】

楚某与某市国营化工厂（那个时候还叫做“国营”，现在基本上都改为“国有”了）于1988年3月1日签订了为期6年的劳动合同。1994年1月5日，范某因患乙型肝炎到某市医科大学附属医院住院治疗，由该国营化工厂预付住院费4000元。人倒霉的时候喝凉水都塞牙，同年2月1日，该化工厂劳资科提前1个月书面通知楚某家属，楚某的劳动合同将于1994年3月1日期满，合同到期自行终止，化工厂不再续签合同，医疗费亦止于合同终止日。楚某获悉后，向主治医师询问自己病情。医师告知他尚要到4月中旬才能出院；随后，医院住院科又向他下达了催款单，楚某医疗费用将于2月18日用完，请再预付医疗费4000元。1994年3月1日，化工厂以“劳动合同期满”为由，书面通知与楚某终止劳动合同，医疗费停止支付。范某不服，与单位化工厂发生争议。那么在医疗期内，用人单位化工厂可以解除其与楚某的劳动合同而停止支付医疗保险费用吗?

案例评析

医疗期是指企业职工因患病或非因工负伤停止工作治病休息，且不得辞退的时限。根据《企业职工患病或非因工负伤医疗期规定》第三条规定“企业职工因患病或非因工负伤，需要停止工作医疗时，根据本人实际参加工作年限和在本单位工作年限，给予三个月到二十四个月的医疗期：（一）实际工作年限十年以下的，在本单位工作年限五年以下的为三个月；五年以上的为六个月。（二）实际工作年限十年以上的，在本单位工作年限五年以下的为六个月；五年以上十年以下的为九个月；十年以上十五年以下的为十二个月；十五年以上二十年以下的为十八个月；二十年以上的为二十四个月。"《中华人民共和国劳动法》第二十九条第二款规定："劳动者患病或者负伤，在规定医疗期内的，用人单位不得根据本法第二十六条和第二十七条的规定解除劳动合同。"国家劳动部《关于贯彻执行（中华人民共和国劳动法）若干问题的意见》第三十四条规定："除劳动法第二十五条规定的情形外，劳动者在医疗期、孕期、产期和哺乳期内，劳动合同期限届满时，用人单位不得终止劳动合同。劳动合同的期限应自动延续至医疗期、孕期、产期和哺乳期期满为止。"《中华人民共和国劳动合同法》第四十条规定："有下列情形之一的，用人单位提前三十日以书面形式通知劳动者本人或者额外支付劳动者一个月工资后，可以解除劳动合同：（一）劳动者患病或者非因工负伤，在规定的医疗期满后不能从事原工作，也不能从事由用人单位另行安排的工作的；（二）劳动者不能胜任工作，经过培训或者调整工作岗位，仍不能胜任工作的；（三）劳动合同订立时所依据的客观情况发生重大变化，致使劳动合同无法履行，经用人单位与劳动者协商，未能就变更劳动合同内容达成协议的。"接下来在《中华人民共和国劳动合同法》第四十二条规定："劳动者有下列情形之一的，用人单位不得依照本法第四十条、第四十一条的规定解除劳动合同：（一）从事接触职业病危害作业的劳动者未进行离岗前职业健康检查，或者疑似职业病病人在诊断或者医学观察期间的；（二）在本单位患职业病或者因工负伤并被确认丧失或者部分丧失劳动能力的；（三）患病或者非因工负伤，在规定的医疗期内的；（四）女职工在孕期、产期、哺乳期的；（五）在本单位连续工作满十五年，且距法定退休年龄不足五年的；（六）法律、行政法规规定的其他情形。"可以看出，是严格限制用人单位在医疗期内解除其与劳动者的劳动合同而停止支付医疗保险费用。

《国营企业实行劳动合同制暂行规定》第十四条第四项规定："劳动合同制工人患病或非因工负伤，在规定医疗期内，企业不得解除劳动合同。"其第二十条规定："劳动合同制工人患病或非因工负伤，按其在本单位工作时间的长短，给予三个月至一年的医疗期，在医疗期内，其医疗待遇和病假工资与所在企业原固定工人同等对待。"第二十三条第一款规定："劳动合同制工人因合同期满……，解除劳动合同时，企业应当按其在企业工作年限，年满1年发给相当于本人标准工资1个月的生活补助费。"

《关于（国营企业实行劳动合同制暂行规定）若干问题的解答意见》第十二条规定："按照《国营企业实行劳动合同制暂行规定》第十四条第（三）项规定，劳动合同制工人患病或非因工负伤，在规定医疗期内，企业不得解除劳动合同。"因此劳动合同制工人患病或非因工负伤时，合同期虽满，但医疗期未满的，企业亦不能解除劳动合同，必须延续到医疗期满。

《中华人民共和国劳动保险条例》第十三条甲款规定，工人与职员患病或非因工负伤，在该企业医疗所、医院、特约医院或特约中西医师处医疗时，其所需诊疗费、手术费、住院费及普通药费均由企业行政方面域资方负担。

本案中的楚某患病住院治疗，医疗期未满，该国营化工厂就自行终止与其签订的劳动合同，停止支付包括住院医疗费在内的医疗期待遇，明显违背上述规定，应当纠正。通过上述包括《劳动法》及其他相关法律法规等都明确规定了，劳动者因患病或非因工负伤停止工作，在医疗期内，企业不得解除劳动合同，而且劳动者可以享受医疗保险待遇和疾病津贴（病假工资）。任何企业都不得利用各种借口，变相或随意解除医疗期内职工的劳动合同。这是因为在这个期间里，劳动者身体状况没有恢复，无法从事工作，如果这个时候用人单位解除劳动合同，就可能会影响到劳动者身体健康和生活状况，因此用人单位不得轻易解除医疗期内职工的劳动合同。这体现了我们国家对劳动者权利的保护。

【法律依据】《企业职工患病或非因工负伤医疗期规定》第三条，《中华人民共和国劳动法》第二十九条，《关于贯彻执行（中华人民共和国劳动法）若干问题的意见》第三十四条，《中华人民共和国劳动合同法》第四十条、第四十二条，《国营企业实行劳动合同制暂行规定》第十四条，《关于（国营企业实行劳动合同制暂行规定）若干问题的解答意见》第十二条、第二十三条，《中华人民共和国劳动保险条例》第十三条。

3. 在试用期内，公司可以不给职工缴纳医疗保险费吗?

【案情简介】

在某市，已经有两年工作经验的李某在招聘会上，于2002年3月24日进入一家电脑销售公司市场部负责某省市场的售后服务工作。公司口头约定两个月的试用期，又告诉李某试用期满后经考试合格正式签订劳动合同，并享受各种福利待遇，试用期间只发给月基本工资900元，其他概不负责。李某出于求职心切，在没有和电脑销售公司签订任何书面协议也没有约定具体考核办法的情况下开始正式上班。同年5月24日，按当初的口头约定，李某的试用期应该结束了。可电脑销售公司通知李某：经公司董事会研究决定，李某不能胜任公司市场的售后服务工作。于是公司解除了和李某的劳动关系，仅结算了工资1800元，医疗保险并没有缴纳。李某不服，于是与公司发生争议。那么在李某试用期内的医疗保险费，是不是应该由这家电脑销售公司缴纳呢？

案例评析

现实生活中，李某的问题也是大多数劳动者在求职过程中遇到的问题，一些用人单位往往滥用试用期来压迫劳动者。实际上，试用期也属于合同期限的一部分，《关于适用（劳动法）若干问题的解释》（劳部发〔1995〕3309号）第二部分第十八条明确规定："劳动者被用人单位录用后，双方可以在劳动合同中约定试用期，试用期应包括在劳动合同期限内。"2007年6月29日由第十届全国人民代表大会常务委员会第二十八次会议新近通过的《中华人民共和国劳动合同法》第十九条规定："劳动合同期限三个月以上不满一年的，试用期不得超过一个月；劳动合同期限一年以上不满三年的，试用期不得超过两个月；三年以上固定期限和无固定期限的劳动合同，试用期不得超过六个月。同一用人单位与同一劳动者只能约定一次试用期。以完成一定工作任务为期限的劳动合同或者劳动合同期限不满三个月的，不得约定试用期。试用期包含在劳动合同期限内。劳动合同仅约定试用期的，试用期不成立，该期限为劳动合同期限。"也就是说，试用期间，劳动者和用人单位之间也是存在劳动关系的，试用期包含在劳动合同期限内，劳动者的合法权益也应该受到《中华人民共和国劳动法》的保护。那么劳动者就应该享受《中华人民共和国劳动法》第七十条规定的"国家发展社会保险事业，建立社会保险制度，设立社会保险基金，使劳动者在年老、失业、工伤、患病、生育等情况下能获得帮助和补偿"的权利。因此，劳动者在试用期内依法享有保险待遇的权利，用人单位与劳动者建立劳动关系后应当按月为劳动者支付医疗保险费在内的社会保险费用。

本案中，李某和该电脑销售公司虽然没有签订劳动合同，但已经存在事实劳动关系，该电脑销售公司也必须为李某补缴2001年3月24日到5月24日间的医疗保险，当然也包括其他社会保险。约定试用期为用人单位和劳动者进行双向选择提供了方便，用人单位和劳动者在试用期内对彼此的情况作进一步的了解，根据具体情况作出是否履行或解除劳动合同的决定。在试用期内也必须遵守劳动法的规定，维护劳动者的合法权益，当然这里并不否定维护用人单位的权利。值得注意的是本案中还存在一定的违法现象。根据《中华人民共和国劳动合同法》第十条规定：“建立劳动关系，应当订立书面劳动合同。已建立劳动关系，未同时订立书面劳动合同的，应当自用工之日起一个月内订立书面劳动合同。用人单位与劳动者在用工前订立劳动合同的，劳动关系自用工之日起建立。”以及《中华人民共和国劳动合同法》第八十二条规定：“用人单位自用工之日起超过一个月不满一年未与劳动者订立书面劳动合同的，应当向劳动者每月支付二倍的工资。用人单位违反本法规定不与劳动者订立无固定期限劳动合同的，自应当订立无固定期限劳动合同之日起向劳动者每月支付二倍的工资。”可以看出，《中华人民共和国劳动合同法》特别强调用人单位要与劳动者签订书面合同，而本案却是个口头合同，并且劳动关系成立两个月该电脑销售公司都没和劳动者李某签订书面劳动合同，应当向劳动者李某每月支付二倍的工资以作惩罚。

【法律依据】《关于适用（劳动法）若干问题的解释》（劳部发〔1995〕3309号）第二部分第十八条，《中华人民共和国劳动合同法》第十条、第十九条、第八十二条，《中华人民共和国劳动法》第七十条。

4. 破产企业退休人员的医疗保险如何保障?

【案情简介】

某市的职工萧某现年60岁，2007年3月退休，以前工作过的单位水产公司2007年6月5日破产。恰好2007年8月年萧某又患上了急性肠炎，花去了医药费5000元，其家人到所在地劳动保障局去了解医疗费报销问题。劳动保障局的工作人员的答复是事业单位的退休人员可以享受医疗保险，企业单位退休职工要享受基本医疗保险必须以企业已经参保为前提，因萧某原单位水产公司已经破产，要报销医疗费可能比较困难。于是，萧某一家人就犯愁了，本来家庭生活就不富裕，再加上退休和生病，真是屋漏偏逢连夜雨啊。那么，萧某这种情况下医疗保险费能报销吗?

案例评析

本案争议的焦点是破产企业退休人员的医疗保险如何保障的问题。根据国务院令第259号令《社会保险费征缴暂行条例》第三条第二款之规定，基本医疗保险费的征缴范围包括：国有企业、城镇集体企业、外商投资企业、城镇私营企业和其他城镇企业及其职工，事业单位及其职工，民办非企业单位及其职工，社会团体及其专职人员。由此可以看出，企业属于基本医疗保险的征缴范围。同时，根据国发〔1998〕44号《国务院关于建立城镇职工基本医疗保险制度的决定》第六条规定，退休人员参加基本医疗保险，个人不缴纳基本医疗保险费。但是，退休职工原来所在的企业应当继续为退休人员缴纳医疗保险费。如果缴纳了医疗保险费，退休人员患病时，可以根据规定报销医疗费。

本案中，问题的关键在于，萧某所在单位水产公司已经破产，无法继续为其缴纳医疗保险费，这个时候，萧某的5000元医疗费该如何处理。水产公司2007年6月5日破产。恰好2007年8月年萧某又患上了急性肠炎，这真是让萧某一家人着急。但2006年8月27日第十届全国人民代表大会常务委员会第二十三次会议通过了《中华人民共和国企业破产法》，它大幅度地修改了原《中华人民共和国企业破产法（试行）》。根据2007年6月1日新生效的《中华人民共和国企业破产法》第一百一十三条规定，“破产财产在优先清偿破产费用和共益债务后，依照下列顺序清偿：（一）破产人所欠职工的工资和医疗、伤残补助、抚恤费用，所欠的应当划入职工个人账户的基本养老保险、基本医疗保险费用，以及法律、行政法规规定应当支付给职工的补偿金；（二）破产人欠缴的除前项规定以外的社会保险费用和破产人所欠税款；（三）普通破产债权。破产财产不足以清偿同一顺序的清偿要求的，按照比例分配。破产企业的董事、监事和高级管理人员的工资按照该企业职工的平均工资计算。”这也就是说，企业在破产后应当从破产财产中提出一部分作为退休人员的医疗保险费。那么，只要已经提取，社会保障部门就应当依法报销萧某的医疗费。对类似问题的处理，退休人员的医疗保险费由用人单位为其缴纳。如果原单位破产，就应该按破产程序先提取企业职工的劳动保险费。所以萧某的5000元医疗费应当由社会保障部门依法予以报销。

【法律依据】《社会保险费征缴暂行条例》第三条，《国务院关于建立城镇职工基本医疗保险制度的决定》第六条，《中华人民共和国企业破产法》第一百一十三条。

5. 单位有权不为劳动者缴纳医疗保险费吗?

【案情简介】

在某市，黄某于2002年受聘于某外资公司，担任销售部经理，并与公司签订了劳动合同。外资公司的董事长在和黄某谈工资待遇时解释说，“董事会给你定的工资为2万元。不过，丑话要说在前头，我们是一家外资公司，之所以工资定得这么高，是因为除了工资以外，再没有其他福利待遇了。像什么医疗保险等问题都得自己解决，公司概不负责。”而且黄某自己也觉得每月工资2万元的确比较高，而且也很满意自己现在的工作，并且觉得自己身强力壮又年轻应该不会得什么大病，也就没有对此提出异议。2005年，黄某因与外资公司在经营管理上发生分歧，被公司开除了。黄某提出了外资公司应该为其补交医疗保险等社会保险费用。而外资公司亦提出“不为你缴纳养老保险，是事先跟你讲好的。你要是不同意，当时可以不干嘛。你既然干了，就说明咱们的协议已经达成，你现在无权反悔。”因此外资公司拒绝为黄某补交医疗保险等社会保险费用。那么外资公司该不该为黄某补交医疗保险等社会保险费用呢？

案例评析

本案争议的焦点是劳动者因为多拿工资而同意公司不参加医疗保险在内的社会保险，那么劳动者可否要求公司为其补交医疗保险等社会保险费用的问题。1994年07月05日由全国人民代表大会常务委员会颁布的《中华人民共和国劳动法》的第七十二条规定：“社会保险基金按照保险类型确定资金来源，逐步实行社会统筹。用人单位和劳动者必须依法参加社会保险，缴纳社会保险费。”刚通过没多久的《劳动合同法》的第二十六条规定用人单位免除自己的法定责任、排除劳动者权利的部分是无效的。国务院1999年颁布的《社会保险费征缴暂行条例》等亦规定了，用人单位应当为劳动者办理社会保险，这是用人单位的法定义务。由于用人单位为劳动者办理养老保险在内的社会保险是其法定义务，是国家法律的强制性规定。因此在本案中，外资公司应当为黄某补缴医疗保险等社会保险费用。进一步说，自黄某于2002年受聘于某外资公司时开始，公司就该为黄某缴纳医疗保险等社会保险费用。

但是毕竟黄某自己也同意和董事长达成公司为其多发工资，而不缴纳医疗保险等，也没有对此提出异议。可以看出，不仅外资公司，而且黄某本人虽然在自愿的基础上达成对医疗保险等条款的合意，但双方均是明知不参加医疗保险等社会保险会带来不利后果，也就是说外资公司和黄某在主观上都具有过错，他们之间达成的协议应当是无效的。根据《中华人民共和国民法通则》第六十一条第一款规定：“民事行为被确认为无效或者被撤销后，当事人因该行为取得的财产，应当返还给受损失的一方。有过错的一方应当赔偿对方因此所受的损失，双方都有过错的，应当各自承担相应的责任。”也就是说外资公司和黄某应当各自承担相应的责任，故而应当相应地减少外资公司的补缴金额，黄某应当承担一定的不利后果。

综上所述，本案中，双方约定“给高工资，除了工资以外，再没有其他福利待遇了。像什么医药保险等问题都得自己解决，公司概不负责”是无效的，外资公司应当为黄某补缴医疗保险等社会保险费用。但因为黄某对这一约定的无效，在主观上具有过错，所以应当相应地减少外资公司的补缴金额。

【法律依据】《中华人民共和国劳动法》的第七十二条，《劳动合同法》的第二十六条，《中华人民共和国民法通则》第六十一条第一款。

6. 下岗职工还能享受医疗保险吗?

【案情简介】

龙老太太一家最近总是愁眉不展的，因为女儿都40岁的人了，好不容易找到新的工作，然而就在这个期间就被检查出患有乙型肝炎。龙老太太一家生活贫困，不仅为女儿的身体健康担心，同时也为到哪里去凑齐女儿的医药费而犯愁。后来，龙老太太找到劳动保障部门咨询，可该部门的工作人员告诉龙老太太，说她女儿不能享受基本医疗保险待遇，因为她已经下岗了。于是龙老太太就四处找人给女儿借钱凑齐医药费。恰好，熟人中有个人的孩子在法学院读书，了解了这个情况后告诉龙老太太，下岗职工是能享受医疗保险的。于是龙老太太又去找劳动保障部门，双方发生了争议。那么下岗职工能否享受医疗保险呢？

案例评析

本案争议的焦点是下岗职工能否享受医疗保险待遇的问题。龙老太太一家的案件反映了下岗职工医疗保险的问题。在我们国家，党中央、国务院一直非常重视和关心下岗职工的生活问题，明确要求各级党委和政府采取积极措施，切实保障下岗职工的基本生活，保障下岗职工的基本医疗。中共中央、国务院《关于切实做好国有企业下岗职工基本生活保障和再就业工作的通知》（中发〔1998〕10号）第三条规定："建立再就业服务中心是保障国有企业下岗职工基本生活和促进再就业的有效措施，是当前一项具有中国特色的社会保障制度。各地要自下而上地建立再就业服务中心组织体系。凡是有下岗职工的国有企业，都要建立再就业服务中心或类似机构，下岗职工不多的企业也可由有关科室代管。再就业服务中心（包括类似机构或代管科室）负责为本企业下岗职工发放基本生活费和代下岗职工缴纳养老、医疗、失业等社会保险费用，组织下岗职工参加职业指导和再就业培训，引导和帮助他们实现再就业。为加强再就业服务中心的组织、管理力量，可从行政机关抽调得力人员到中心工作。进入再就业服务中心的对象，主要是实行劳动合同制以前参加工作的国有企业的正式职工（不含从农村招收的临时合同工），因企业生产经营等原因而下岗，但尚未与企业解除劳动关系、没有在社会上找到其他工作的人员。对于实行劳动合同制以后参加工作且合同期满的人员，可按照《中华人民共和国劳动法》和国务院有关规定终止劳动关系；合同期未满而下岗的，也要安排进入再就业服务中心。下岗职工在再就业服务中心的期限一般不超过 3 年；3 年期满仍未再就业的，应与企业解除劳动关系，按规定享受失业救济或社会救济。下岗职工在再就业服务中心期间的基本生活费，原则上可按略高于失业救济的标准安排并按适当比例逐年递减，但最低不得低于失业救济水平，具体标准由各地根据实际情况确定。再就业服务中心用于保障下岗职工基本生活和缴纳社会保险费用的资金来源，原则上采取‘三三制’的办法解决，即财政预算安排三分之一、企业负担三分之一、社会筹集（包括从失业保险基金中调剂）三分之一，具体比例各地可根据情况确定。财政承担的部分，中央企业由中央财政解决，地方企业由地方财政解决。对于困难较多的中西部地区和老工业基地，中央财政给予一定的支持。国有独资盈利企业和国有参股、控股企业保障下岗职工基本生活的资金，原则上都由本企业负担。财政承担和社会筹集的资金，由财政部门按专项资金管理。资金的安排，由再就业工作主管部门商财政部门研究提出意见，然后由财政部门统一拨付。保障下岗职工基本生活的资金，一定要加强管理和监督，保证专款专用，不得挪用于其他任何方面开支。再就业服务中心的管理费用和工作人员的工资、福利等，不得在保障下岗职工基本生活的资金中列支。”以及劳动保障部与国家经济贸易委员会、财政部等六部委联合下发的《关于加强国有企业下岗职工管理和再就业服务中心建设有关问题的通知》（劳社部发〔1998〕8号）中也有相关规定。也就是说下岗职工进入再就业服务中心托管时，由再就业服务中心负责为其缴纳医疗保险费，下岗职工享受相应的医疗保险待遇。没有实行医疗保险制度改革的地区，由再就业服务中心按规定报销下岗职工的基本医疗费用。根据此规定龙老太太的女儿的医疗保险费由再就业服务中心代为缴纳。其缴纳的标准根据《关于加强国有企业下岗职工管理和再就业服务中心建设有关问题的通知》（劳社部发〔1998〕8号）第三条的规定：“下岗职工的基本生活费标准，应按略高于当地失业救济的标准确定，并按适当比例逐年递减，具体递减比例由各地根据实际情况确定，但最低不得低于失业救济标准。养老、医疗、失业保险费用（包括个人缴费部分），以当地上年度职工平均工资的60%为缴费基数，按规定的缴费比例，由再就业服务中心为进入中心的下岗职工缴纳，其中养老、医疗保险费按规定记入个人账户。”这样，龙老太太的女儿只要参加了医疗保险并缴纳了基本医疗保险费，也可以像其他职工一样享受国家规定的基本医疗保险待遇，看病住院也就不用发愁了。因此，龙老太太的熟人中的在法学院读书的孩子的观点是正确的，而劳动保障部门工作人员的答复是不对的。

本案提出的下岗职工的医疗保险问题是广大下岗职工普遍关心的问题。幸好在我们社会主义国家里，党中央、国务院一直非常重视和关心下岗职工的生活问题，明确要求各级党委和政府采取积极措施，切实保障下岗职工的基本生活，保障下岗职工的基本医疗。需要提示的是，下岗职工离开企业时，其过去的社会保险缴费年限和个人账户继续保留，以维护下岗职工的合法权益，免除他们的担忧。

【法律依据】中共中央、国务院《关于切实做好国有企业下岗职工基本生活保障和再就业工作的通知》（中发〔1998〕10号）第三条，劳动保障部与国家经济贸易委员会、财政部等六部委联合下发的《关于加强国有企业下岗职工管理和再就业服务中心建设有关问题的通知》（劳社部发〔1998〕8号）第三条。

7. 试用期内，员工有权享受医疗期和医疗费报销待遇吗？

【案情简介】

某市，范某经四处找工作，终于在一家液化气厂找到了扛液化气罐送到各家所在的楼层的工作，并与该厂签订了6年期的劳动合同。在合同中双方约定，前两个月为试用期。刚上班的第15天的晚上，范某和妻子下班后一同前往幼儿园接孩子回家。走到自己家楼下时天色已黑，加之楼道内的电灯损坏，范某只能抱着孩子摸黑上楼。可就在上楼时，范某突然不小心一脚踩空，跌倒后滚落到楼下，造成右腿骨折，所幸孩子无恙。范某的妻子赶紧打120，把范某送进了附近的医院。就在范某住院治疗期间，液化气厂以合同试用期内范某出现身体意外，身体状况已不符合工厂的要求，不能再很好地从事本职工作为由，决定解除与范某签订的劳动合同，并拒绝为范某负担医疗费用。范某得知液化气厂的这个决定后，当即提出异议，他认为，厂方在其受伤住院期间，既不为其支付医疗费用，又解除劳动合同，这是一种违反《中华人民共和国劳动法》的行为，应当予以纠正。但由于范某躺在病床上，身体不适，右腿骨折无法下地行走，于是范某的妻子去范某所在的液化气厂找领导讨说法。但液化气厂的领导认为："范某在试用期内非因工负伤，造成骨折后需要住院治疗，此时他右腿骨折无法下地行走，根本无法再从事扛液化气罐的高强度的体力劳动，而本厂也只有送液化气罐这种工作，根本无法安排范某到其他岗位去工作，所以，厂方不仅有权、而且只能与范某解除劳动合同。又因为范某在试用期，还不是本厂正式职工，所以也不应当享受医疗期和医疗费报销待遇。"听到这些，范某的妻子不知道该怎么办了，茫然无措。那么，液化气厂的领导的观点对不对呢，试用期内，员工有权享受医疗期和医疗费报销待遇吗？

案例评析

本案争议的焦点是在试用期内，员工有权享受医疗期和医疗费报销待遇与否的问题。根据《中华人民共和国劳动法》的规定可知，医疗期是指企业职工因患病或非因工负伤停止工作治病休息，且不得辞退的时限。劳动部在《企业职工患病或非因工负伤医疗期的规定》（劳部发〔1994〕479号）第三条规定："企业职工因患病或非因工负伤，需要停止工作医疗时，根据本人实际参加工作年限和在本单位工作年限，给予三个月到二十四个月的医疗期：（一）实际工作年限十年以下的，在本单位工作年限五年以下的为三个月；五年以上的为六个月。（二）实际工作年限十年以上的，在本单位工作年限五年以下的为六个月；五年以上十年以下的为九个月；十年以上十五年以下的为十二个月；十五年以上二十年以下的为十八个月；二十年以上的为二十四个月。"可见，医疗期并不以试用期为否定条件，而是以职工在用人单位工作时间的长短来决定其享受的医疗期待遇。因此，根据本案具体情况，范某非因工负伤，应该享受三个月的医疗期待遇。本案中，液化气厂的领导以“范某在试用期内非因工负伤，造成骨折后需要住院治疗，此时他右腿骨折无法下地行走，根本无法再从事扛液化气罐的高强度的体力劳动，而本厂也只有送液化气罐这一种工作，根本无法安排范某到其他岗位去工作，所以，厂方不仅有权，而且只能与范某解除劳动合同。又因为范某在试用期，还不是本厂正式职工”为由，主张范某不应当享受医疗期待遇，是不正确的。该厂应当给予范某三个月的医疗期，并应根据《中华人民共和国劳动法》第二十九条的规定：“劳动者有下列情形之一的，用人单位不得依据本法第二十六条、第二十七条的规定解除劳动合同：（一）患职业病或者因工负伤并被确认丧失或者部分丧失劳动能力的；（二）患病或者负伤，在规定的医疗期内的；（三）女职工在孕期、产期、哺乳期内的；（四）法律、行政法规规定的其他情形。”因此在范某享受医疗期期间内，液化气厂不得解除劳动合同。另外根据《中华人民共和国劳动合同法》第十九条的规定：“劳动合同期限三个月以上不满一年的，试用期不得超过一个月；劳动合同期限一年以上不满三年的，试用期不得超过两个月；三年以上固定期限和无固定期限的劳动合同，试用期不得超过六个月。同一用人单位与同一劳动者只能约定一次试用期。以完成一定工作任务为期限的劳动合同或者劳动合同期限不满三个月的，不得约定试用期。试用期包含在劳动合同期限内。劳动合同仅约定试用期的，试用期不成立，该期限为劳动合同期限。”也就是说，试用期间，劳动者和用人单位之间也是存在劳动关系的，试用期包含在劳动合同期限内，劳动者的合法权益也应该受到《中华人民共和国劳动法》的保护。那么劳动者就应该享受《中华人民共和国劳动法》第七十条规定的“国家发展社会保险事业，建立社会保险制度，设立社会保险基金，使劳动者在年老、失业、工伤、患病、生育等情况下能获得帮助和补偿”的权利。因此，劳动者在试用期内依法享有保险待遇的权利，用人单位与劳动者建立劳动关系后应当按月为劳动者支付医疗保险费在内的社会保险费用。也就是说，虽然范某是在试用期间发生了意外，但他依然应当享受医疗费报销待遇，液化气厂不得违反其应尽的义务。

【法律依据】《企业职工患病或非因工负伤医疗期的规定》（劳部发〔1994〕479 号）第三条，《中华人民共和国劳动法》第二十九条、第七十条，《中华人民共和国劳动合同法》第十九条。

8. 退休人员还要缴纳医疗保险费吗?

【案情简介】

萧某是原某玩具服装进出口公司的退休职工，月基本退休金 600 元，生活倒也过得去。可是突然有一天，萧某去领退休金的时候发现少发了 20 元钱，后来每个月都是这种状况，就是说每个月都少发了 20 元钱。于是萧某来到当地社保机构询问，原来萧某所在的市正在进行医疗保险制度改革，所有的单位必须参加医疗保险，这其中当然包括萧某所在的单位了。而每月扣除的 20 元钱就是扣除的医疗保险费。萧某对此表示不理解，他认为这 20 元应当由原单位来支付。那么作为退休人员的萧某还要缴纳医疗保险费吗?

案例评析

本案争议的焦点是退休人员的医疗保险缴费的问题。实际上，因为退休人员的医疗费支出更多，而这部分退休人员在医疗改革前个人账户并没有积累，所以国家在制定医疗保险政策的时候对退休人员给予了一定的照顾。因此为了加快医疗保险制度改革，保障职工基本医疗，是建立社会主义市场经济体制的客观要求和重要保障，国务院于 1998 年颁布的《国务院关于建立城镇职工基本医疗保险制度的决定》第六条规定，“离休人员、老红军的医疗待遇不变，医疗费用按原资金渠道解决，支付确有困难的，由同级人民政府帮助解决。离休人员、老红军的医疗管理办法由省、自治区、直辖市人民政府制定。二等乙级以上革命伤残军人的医疗待遇不变，医疗费用按原资金渠道解决，由社会保险经办机构单独列账管理。医疗费支付不足部分，由当地人民政府帮助解决。退休人员参加基本医疗保险，个人不缴纳基本医疗保险费。对退休人员个人账户的计入金额和个人负担医疗费的比例给予适当照顾。国家公务员在参加基本医疗保险的基础上，享受医疗补助政策。具体办法另行制定。为了不降低一些特定行业职工现有的医疗消费水平，在参加基本医疗保险的基础上，作为过渡措施，允许建立企业补充医疗保险。企业补充医疗保险费在工资总额 4% 以内的部分，从职工福利费中列支，福利费不足列支的部分，经同级财政部门核准后列入成本。国有企业下岗职工的基本医疗保险费，包括单位缴费和个人缴费，均由再就业服务中心按照当地上年度职工平均工资的 60% 为基数缴纳。”也就是说退休人员参加基本医疗保险，个人不缴纳基本医疗保险费。所以该玩具服装进出口公司不应该扣除萧某的医疗保险费，它的做法是不正确的。

之所以规定退休人员不缴纳基本医疗保险费主要有以下几个原因：一是社会医疗保险的性质决定的，社会医疗保险要体现互助共济，健康人帮助生病的人，退休职工一般患病较多，是需要社会照顾的脆弱人群；二是为了均衡企业负担，为企业提供公平竞争的机会，参与市场竞争；三是考虑到退休人员在以前的工作期间，已经为社会做出了贡献，退休后收入低，特别是现在已经退休的职工，没有足够的用于医疗支出的积累，医疗负担较重。因此，《国务院关于建立城镇职工基本医疗保险制度的决定》除规定退休职工个人不缴纳医疗保险费外，还规定了在单位缴费划入个人账户的金额和个人负担医疗费用的比例给予照顾。

该玩具服装进出口公司的工作人员由于对政策的不甚了解，导致了每个月都扣除了萧某 20 元钱。该玩具服装进出口公司扣除的萧某的部分医疗保险费要如数加算银行同期存款利息返还，希望类似的事情以后不要再发生。

【法律依据】《国务院关于建立城镇职工基本医疗保险制度的决定》第六条。

9. 公司合并后，参加医疗保险的责任由谁承担？

【案情简介】

某产品加工公司自 2004 年以来因市场竞争激烈，再加上公司所处地段不好而影响了其业务的开展，几年来效益每况愈下，已经走到了无力支撑的境地。而且从 2004 年起就因为效益不好而无力支付职工的医疗保险费，致使职工们几年来的医药费无从报销。同处该市的另外一家产品出口公司看中了该产品加工公司的生产场她，提出合并两家公司的建议。2007 年 2 月，双方经协商成立了产品加工出口有限公司。原产品加工公司的职工们满心欢喜，心想拖欠了三年的医药费终于有报销的地方了，于是找到产品加工出口有限公司领导，该领导却说："我们该缴的医疗保险费都缴了，还找我们于什么，去找社会保险部门去。"职工们又找到社会保险部门，才知道新公司并没有帮他们补缴前三年所欠缴的部分，在没有补缴前，他们的医疗费还是不能报销的。于是，满心欢喜的原产品加工公司的职工们又开始愁眉不展了。那么公司合并后，参加医疗保险的责任由谁承担呢？

案例评析

这是一起因公司合并而产生的职工医疗费报销问题。《中华人民共和国公司法》在2005年10月27日经由第十届全国人民代表大会常务委员会第十八次会议修订，其第一百七十五条规定：“公司合并时，合并各方的债权、债务，应由合并后存续的公司或者新设的公司承继。”2007年6月29日由第十届全国人民代表大会常务委员会第二十八次会议通过的《中华人民共和国劳动合同法》第三十四条规定：“用人单位发生合并、分立等情况，原劳动合同继续有效，劳动合同由承继其权利和义务的用人单位继续履行。”

本案中，原产品加工公司所欠缴的医疗保险费理应由承接其债权债务关系的产品加工出口有限公司来承担，产品加工出口有限公司也应主动承担职工的医疗保险责任，并及时到医疗保险经办机构补缴对原产品加工公司职工欠缴的三年的医疗保险费及滞纳金。产品加工出口有限公司没有到医疗保险经办机构补缴原产品加工公司职工欠缴的三年的医疗保险费及滞纳金，这是对合并前的原产品加工公司职工们权利的侵犯。在这里，需要提醒的是，社会保险经办机构也有责任督促企业积极缴费，解决好合并后职工的医疗保险问题。以维护社会稳定，构建社会和谐，促进经济发展，减少公司合并造成的社会成本。今后对类似问题的再进行处理时，公司合并应遵循《中华人民共和国公司法》《中华人民共和国劳动法》《中华人民共和国劳动合同法》等的原则，而不能以公司领导人的意志为准。法律责任是任何人都不能推卸的，产品加工出口有限公司应当按照《中华人民共和国劳动法》第七十条“国家发展社会保险事业，建立社会保险制度，设立社会保险基金，使劳动者在年老、患病、工伤、失业、生育等情况下获得帮助和补偿。”和第七十三条“劳动者在下列情形下，依法享受社会保险待遇：（一）退休；（二）患病、负伤；（三）因工伤残或者患职业病；（四）失业；（五）生育。劳动者死亡后，其遗属依法享受遗属津贴。劳动者享受社会保险待遇的条件和标准由法律、法规规定。劳动者享受的社会保险金必须按时足额支付。”足额补缴原产品加工公司职工欠缴三年的医疗保险费及滞纳金。职工在遇到类似问题的时候，应该大胆地拿起法律的武器，维护自己的合法权益。愁眉不展的原产品加工公司的职工们应该又可以满心欢喜了。

【法律依据】《中华人民共和国公司法》第一百七十五条，《中华人民共和国劳动合同法》第三十四条，《中华人民共和国劳动法》第七十条、第七十三条。

四、优抚与社会福利待遇

核心提示

优抚安置保障指现代国家为使复员退伍军人、伤残军人、现役军人家属及为国捐躯军人家属在心理上获得慰藉，在物质上获得帮助，而举办各种各样的优抚事业，开展抚恤、优待和安置活动。是国家和社会依法对优抚对象的物质生活与精神生活提供资金和服务的特殊的社会保障制度。其特殊性主要是由其特定的保障对象所决定，即由退伍军人、伤残军人、现役军人家属和为国捐躯军人家属等组成。我国优抚保障制度在内容上主要包括：优待制度、抚恤制度和安置制度等三方面的制度。

其基本特征有：

(1) 保障对象的特殊性。优抚对象不同于其他社会保障制度，并不惠及每一位劳动者。按照中华人民共和国兵役法规定，现役军人、革命伤残军人、复员退伍军人、革命烈士家属、因公牺牲军人家属、病故军人家属、现役军人家属，享受国家抚恤和人民群众的优待。

(2) 保障手段的综合性。优抚保障是借助社会保险、社会福利、社会救助等手段来实现其保障功能，是一种综合性的保障。

（3）保障标准的优待性。优抚对象在我国长期的革命和建设中，都直接或间接地为国家和社会做出了贡献，为此付出了巨大代价。所以，国家和社会为优抚对象提供了较高水平的保障，以体现权利和义务相统一的原则。

（4）精神保障与物质保障并重。优抚保障既强调物质保障，又重视精神保障。物质保障是优抚保障的基本内容，主要向优抚对象提供保障基本生活的资金和服务设施。精神保障也是优抚保障的重要内容，包括褒扬革命烈士和拥军优属。这样既从物质上保障了优抚对象的基本生活，又大力褒扬革命烈士与革命军人为国献身的英雄业绩与崇高精神，开展各项拥军优属的社会活动，是优抚保障的重要内容。

社会福利是指国家依法为所有公民普遍提供旨在保证一定生活水平和尽可能提高生活质量的资金和服务的社会保险制度。社会福利制度一般来讲具有四个特点：社会福利是社会矛盾的调节器；每一项社会福利计划的出台总是带有明显的功利主义目的，总是以缓和某些突出的社会矛盾为终极目标；社会福利的普遍性，社会福利是为所有公民提供的，利益投向呈一维性，即不要求被服务对象缴纳费用，只要公民属于立法和政策划定的范围之内，就能按规定得到应该享受的津贴服务；社会福利较社会保险而言是较高层次的社会保险制度，它是在国家财力允许的范围内，在既定的生活水平的基础上，尽力提高被服务对象的生活质量。

社会福利有广义和狭义之分。（一）广义的社会福利是指提高广大社会成员生活水平的各种政策和社会服务，旨在解决广大社会成员在各个方面的福利待遇问题。（二）狭义的社会福利是指对生活能力较弱的儿童、老人、母子家庭、残疾人、慢性精神病人等的社会照顾和社会服务。社会福利所包括的内容十分广泛，不仅包括生活、教育、医疗方面的福利待遇，而且包括交通、文娱、体育、欣赏等方面的待遇。社会福利是一种服务政策和服务措施，其目的在于提高广大社会成员的物质和精神生活水平，使之得到更多的享受。同时，社会福利也是一种职责，是在社会保障的基础上保护和延续有机体生命力的一种社会功能。

以案说法

1. 社会应当如何丰富老年人的精神文化生活?

【案情简介】

张大爷早年丧偶，他一个人含辛茹苦的把两个儿子与一个女儿养大成人，现在他的子女都已经事业有成，全都在外国工作，张大爷自己于2001年从单位退休，每个月能领到退休金将近2000元，再加上每个月子女从国外寄来的赡养费，他在物质上可以说是非常满意了，可是，张大爷在精神生活上却感觉比较贫乏和单调，他想问问国家在丰富老年人的精神文化生活上是否有什么规定?

案例评析

随着社会的进步，当代很大一部分老年人已经不再为衣食住行发愁了。同基本有保障的物质生活相比，不少老年人却缺乏适当的精神文化生活，这样很容易使老年人产生孤独感和失落感等消极情绪，不利于他们安度晚年。因此，《中华人民共和国老年人权益保障法》第三十二条规定："国家和社会采取措施，开展适合老年人的群众性文化、体育、娱乐活动，丰富老年人的精神文化生活。”第三十三条规定：“国家鼓励、扶持社会组织或者个人兴办老年福利院、敬老院、老年公寓、老年医疗康复中心和老年文化体育活动场所等设施。地方各级人民政府应当根据当地经济发展水平，逐步增加对老年福利事业的投入，兴办老年福利设施。”第三十四条规定：“各级人民政府应当引导企业开发、生产、经营老年生活用品，适应老年人的需要。”第三十五条规定：“发展社区服务，逐步建立适应老年人需要的生活服务、文化体育活动、疾病护理与康复等服务设施和网点。发扬邻里互助的传统，提倡邻里间关心、帮助有困难的老年人。鼓励和支持社会志愿者为老年人服务。”第三十六条规定：“地方各级人民政府根据当地条件，可以在参观、游览、乘坐公共交通工具等方面，对老年人给予优待和照顾。第三十七条农村老年人不承担义务工和劳动积累工。”第三十八条规定：“广播、电影、电视、报刊等应当反映老年人的生活，开展维护老年人合法权益的宣传，为老年人服务。”第三十九条规定：“老年人因其合法权益受侵害提起诉讼交纳诉讼费确有困难的，可以缓交、减交或者免交；需要获得律师帮助，但无力支付律师费用的，可以获得法律援助。”

具体而言，以北京市为例，目前北京市对老年人的优待服务作出规定，凡具有北京市常住户口且年龄为60周岁以上（含60周岁）的老年人，均属优待对象，发给优待证。优待对象持证可享受：（1）游览本市辖区各公园优先购买门票；优惠购买市属公园通用年票；游览区县属公园半价购票或免票。（2）免费参观游览劳动人民文化宫和市属博物馆、纪念馆。（3）观看体育比赛（全国大型运动会和国际性比赛除外）和观看日场国产电影半价购票。（4）免费办理市属、区县属图书馆的一般借阅证。（5）免费在法律事务所和律师事务所咨询、代书（6）优先在医院挂号、就诊、化验、检查、交费、取药。(7) 公交和铁路单位在车站、售票处、车厢内设置老年人优先的宣传标志，公交车车厢内设置老年人专座。(8) 享受商业网点优待服务。(9) 免费使用收费厕所。

总之，丰富老年人的日常生活，已经被国家写入法律，成为社会主义精神文明建设的重要组成部分，张大爷可以向其所在地的民政部门咨询，询问当地具体对老年人有什么样的优惠政策。

【法律依据】《中华人民共和国老年人权益保障法》第三十二条、第三十六条、第三十四条、第三十五条、第三十六条规定、第三十七条、第三十八条、第三十九条。

2. 老年人应当如何获得法律援助?

【案情简介】

张大爷一直无儿无女，2000 年，他在一次意外中丧失了劳动能力，后经申请，由当地民政部门认定符合低保要求，街道按月发给他最低生活保障金，钱虽然不多，但也总算能维持张老汉的基本生活。没想到，2003 年，街道主任换成了马某。而马某在之前因为几件小事曾经与张大爷有过几次摩擦，这次正好借机会报复。于是，马某就以张大爷不符合低保人员要求为由，取消了张大爷的低保待遇。自此之后，张大爷的生活日趋困难，甚至连最起码的吃饭穿衣问题也解决不了。张大爷的邻居建议张大爷去申请法律援助，可张大爷既不会写字，又身有残疾，行动不便，他想知道如何才能获得法律援助呢?

案例评析

法律援助，也称法律救助，是指对需要专业法律帮助而又无力承担诉讼费用以及无力支付律师费用的公民予以帮助，以维护其合法权益的一项制度。老年人的法律援助和法律服务，是我国老龄事业法制化建设的重要组成部分。国家针对老年人这一群体的特殊性，在《老年人权益保障法》对此进行了专门规定。《中华人民共和国老年人权益保障法》第三十九条规定："老年人因其合法权益受侵害提起诉讼交纳诉讼费确有困难的，可以缓交、减交或者免交；需要获得律师帮助，但无力支付律师费用的，可以获得法律援助。"

具体而言，要想获得法律援助首先要符合如下条件：依据《法律援助条例》第十条规定："公民对下列需要代理的事项，因经济困难没有委托代理人的，可以向法律援助机构申请法律援助：

（一）依法请求国家赔偿的；

（二）请求给予社会保险待遇或者最低生活保障待遇的；

（三）请求发给抚恤金、救济金的；

（四）请求给付赡养费、抚养费、扶养费的；

（五）请求支付劳动报酬的；

（六）主张因见义勇为行为产生的民事权益的。

省、自治区、直辖市人民政府可以对前款规定以外的法律援助事项作出补充规定。

公民可以就本条第一款、第二款规定的事项向法律援助机构申请法律咨询。"

本案中，街道无故停发张大爷的最低生活保障金，张大爷请求恢复其待遇，属于请求给予社会保险待遇或者最低生活保障待遇的情形，并且张大爷没有其他人和收入，生活困难，因此符合法律援助的条件，可以依法申请法律援助。

在如何申请法律援助的问题上，依据《法律援助条例》第十四条第二款规定：“公民就本条例第十条所列事项申请法律援助，应当按照下列规定提出：请求给予社会保险待遇、最低生活保障待遇或者请求发给抚恤金、救济金的，向提供社会保险待遇、最低生活保障待遇或者发给抚恤金、救济金的义务机关所在地的法律援助机构提出申请。”因此，张老汉应该向他住所地所在区县（区县没有设法律援助中心的则向所在市）的法律援助中心申请法律援助。

至于谈到张老汉行动不便，又不会写字的问题，也不会成为他申请法律援助的障碍，因为依据《法律援助条例》第十七条规定：“公民申请代理、刑事辩护的法律援助应当提交下列证件、证明材料：

（一）身份证或者其他有效的身份证明，代理申请人还应当提交有代理权的证明；

（二）经济困难的证明；

（三）与所申请法律援助事项有关的案件材料。

申请应当采用书面形式，填写申请表；以书面形式提出申请确有困难的，可以口头申请，由法律援助机构工作人员或者代为转交申请的有关机构工作人员作书面记录。”因此，张老汉可以到法律援助机关口头提出申请，如果其行动确实存在极大的不便，也可以请法律援助机构工作人员到他家受理其申请。

【法律依据】《中华人民共和国老年人权益保障法》第三十九条；《法律援助条例》第十四条第二款、第十七条。

3. 退休人员可以领取城市居民最低生活保障吗?

【案情简介】

王大爷的老伴早年去世，自己又无儿无女，2001 年，他从校办厂退休后开始领取退休金。2003 年，他所在的市大幅度提高了城市居民最低生活保障标准，王大爷算了算，发现自己的退休金还没有当地的最低生活保障标准高，因此就向街道申请最低生活保障金。街道以王老汉有退休金，不符合最低生活保障金的申请人条件为由拒绝了王大爷的申请。王大爷对街道给出的说法不服，请问王大爷的这种情况能够领取城市居民最低生活保障金吗?

案例评析

我国建立的城市居民最低生活保障制度，是建立健全我国社会保障体系的重要一环。

依照有关规定，城市居民最低生活标准所针对的对象是所有家庭人均收入低于当地所制定的最低生活标准的城市居民（不包括农村户口的居民）。具体来说，其针对的对象主要包括三类人：第一类是缺乏劳动能力又没有生活来源，无法定赡养人或扶养人的城市居民；第二类是在领取失业保险金期间或失业期满仍未能找到工作且家庭人均收入低于最低生活保障标准的城市居民；第三类是在职人员、下岗人员、离退休人员在领取工资、基本生活费、离退休金之后，其家庭人均收入仍低于当地的最低生活标准的城市居民。

综上所述，由于王大爷是单身一人且具有当地的城市居民户口，因此只要他的退休金低于当地居民人均最低生活标准且又没有其他收入，就可以领取城市居民最低生活保障金。

4. 我国对于提高“三属”抚恤金的规定是怎么样的？

【案情简介】

王老先生的儿子在战场上不幸牺牲了，王老先生一直被作为军烈属对待，并享受军烈属待遇。他听说国家在最近几年持续提高了军烈属的抚恤金标准，但是他所在地的有关部门却一直没有行动，他想请问国家对于军烈属的抚恤金提高的标准是多少？

案例评析

我国确实在2005年之后提高了“三属”即烈属、因公牺牲军人家属、病故军人家属的定期抚恤金标准。具体来说，根据民政部、财政部《关于提高部分优抚对象抚恤补助标准的通知》民发〔2005〕52号规定，因公牺牲军人家属的抚恤金，家属在城镇居住的涨到3900元/年，家属在农村居住的涨到2520元/年；病故军人家属的抚恤金，家属在城镇居住的涨到3600元/年，家属在农村居住的涨到2340元/年；在城镇居住的烈属的定期抚恤金涨到4980元/年，在农村居住的烈属的定期抚恤金涨到3120元/年。

【法律依据】《关于提高部分优抚对象抚恤补助标准的通知》民发〔2005〕52号；《一至六级残疾军人医疗保障办法》。

5. 生活困难的老人应当如何申请城市居民最低生活保障?

【案情简介】

李奶奶的老伴年轻时就去世了，她自己一直没有工作，靠孩子每月给她的赡养费生活，没想到天有不测风云，她的几个孩子也在这些年中陆续去世了，只剩下李奶奶一个人孤苦伶仃的在世上生活。李奶奶想问问她这种情况是否能属于低保人员的范围，如果属于的话，她应该如何申请城市居民最低生活保障呢?

案例评析

根据国务院发布的《城市居民最低生活保障条例》的规定，凡是持有非农业户口的城市居民，与他共同居住的家庭成员人均收入低于当地城市居民最低生活保障标准的，都享有从当地民政部门获得基本物质帮助的权利。李奶奶由于是一个人生活，因此只要她自己的收入低于当地核定的城市居民最低生活标准就可以申请领取最低生活保障金了。

在申请领取最低生活保障金的过程中，应该有以下步骤:

申请享受城市居民最低生活保障待遇时，户主应向户籍所在地的街道办事处或者镇人民政府出具有关证明，填写《城市居民最低生活保障待遇审批表》；也可以通过居委会向街道或镇人民政府提出最低生活保障金的申请。

申请人填写《城市居民最低生活保障待遇审批表》主要包括以下内容：家庭成员、居住地、身份、工资收入、其他各类收入、家庭人均收入以及居委会、街道办事处和民政局的意见等。

申请人应如实填写表中的有关情况，并向户籍所在地街道或镇人民政府出示相关证明材料。

一般情况下。街道办事处或者镇人民政府应在接到申请之日起20日内，签署审核意见，并将有关材料报县（市、区）人民政府民政部门审批，县（市、区）民政局街道以签署街道办事处、镇人民政府审核意见的保障对象申请书后，经过认真审查，对符合条件的申请人予以批准，审批时限一般不超过10天。保障对象一般凭《保证金领取证》到居委会、街道办事处或乡镇定期定点领取低保金；如果行动不便或因其他原因不能到场领取的，也可以委托他人代为领取。

【法律依据】《城市居民最低生活保障条例》。

6. 国家机关、事业单位工作人员死亡后，其亲属中符合哪些条件的可以享受生活困难补助？补助原则与标准又是什么？

【案情简介】

王老先生的儿子王明在国家机关工作。2003年3月，王老先生刚过完60岁大寿，没想到当年8月一场突如其来的非典就夺去了王明年轻的生命，王老先生老来丧子，感到万分悲痛，后来他听说国家在国家机关、事业单位工作人员死亡后，对于部分符合条件的家属，可以给予生活困难补助，他想知道亲属中符合哪些条件的可以享受生活困难补助？补助原则与标准又是什么呢？

案例评析

依照我国现行规章政策的规定，国家机关、事业单位人员死亡后，依靠死者生前供养的下列直系亲属和其他亲属可以享受生活困难补助：

一、父（包括抚养死者长大的扶养人）、夫年满 60 岁，或者基本丧失劳动能力；

二、母（包括抚养死者长大的抚养人）、妻年满 50 岁，或者基本丧失劳动能力；

三、子女（包括遗腹子女、养子女、前妻或前夫所生子女）年未满 16 岁，或者年满 16 岁尚在普通中学学习，或者基本丧失劳动能力；

四、弟妹（包括同父异母或同母异父弟妹）年未满 16 岁，或者年满 16 岁尚在普通中学学习，或者基本丧失劳动能力。

依照上述规定，由于王老先生已经年满 60 岁了，作为死者王明的父亲，他可以享受生活困难补助。

在补助的原则与标准问题上，国家机关、事业单位工作人员死亡后，其亲属生活如果确有困难，死者生前所在单位可以按照“困难大的多补助，苦难小的少补助，没有困难的不补助”的原则，给予其遗属定期或临时补助。

一般来说，生活困难补助以能维持当地群众生活水平为原则，具体标准由各省、自治区、直辖市规定（中央机关、事业单位执行所在地区标准）。若死者是在抢救、保护国家财产或在对敌斗争中牺牲的，其遗属生活困难补助费标准，可以适当提高一些。

因此，对于困难补助的标准，王老先生的困难补助可以参考当地政府制定的标准执行。

“五保户” 养老篇

◈核心提示

我国农村五保供养制度始于1956年农业合作化时期，是建立在农村集体所有制基础上的社会救济制度。其建立之初，所针对的对象是农业合作社中缺乏劳动力、生活无依靠的鳏寡孤独的农户和伤残军人，由农业合作社对其在生产和生活上予以照顾和安排，做到保吃、保穿、保烧（燃料）、保教（未成年人）、保葬，从此，人们就将吃、穿、烧、教、葬这五项保证称为“五保”，将享受“五保”的家庭或人称为“五保户”。

经过50年的发展，五保制度越来越成熟、完善，国家也通过立法的方式，在法律上规范和保障五保制度的实施，如我国1994年颁布了《农村五保供养工作条例》，2006年根据新形势新情况，国务院颁布了新的《农村五保供养工作条例》，1994年的条例同时废止。但在五保供养制度的实施过程中，也出现一些具有代表性的案例和问题。本部分将对农村五保供养制度的相关问题予以介绍和说明，以期能对农村的老年朋友们有所裨益，使老年朋友们对其能有所了解。

以案说法

1. 农村的老年人如何依法养老？

【案情简介】

农民刘老汉已经年近花甲，无儿无女，身体虚弱，行动不便。刘老汉想要养老，以享天年，但不知道农村的老年人有几种养老方式，像他这种情况，应该怎么养老，由谁来养老？请问：农村的老年人如何依法养老？刘老汉应该怎样养老？

案例评析

目前，我国农村的养老方式主要有以下几种形式：

（1）家庭式养老。家庭养老是指由子女来赡养年老的父母，以报答父母的养育之恩，尽到子女应尽的责任和义务。家庭养老在我国具有悠久的历史和深厚的经济、文化思想基础，是我国目前最主要最传统的养老方式之一。

（2）养老补助金形式。党的十一届三中全会以来，农村的经济得到迅速发展。在一些比较发达的农村，建立起了农民退休养老补助金制度。它是提高老年人生活水平的一种很好的补充，其生活来源主要仍由子女提供或本人劳动的积累。

（3）“五保”养老形式。“五保”制度是我国农村建立在集体所有制经济基础上的养老制度。“五保户”是我国农村中没有亲属供养而享受社会保险的农户。享受“五保”的人通常是缺乏或丧失劳动能力而又无近亲属赡养的老弱孤寡病残的农民。对于这些人，农村经济组织负责供养他们，使他们老有所养。

像刘老汉这种情况，根据我国《农村五保供养工作条例》（国务院发〔2006〕456号令）的规定，应当通过"五保"供养的养老形式来养老，由其所在的农村集体经济组织供养。

2. 农村五保供养的对象和供养内容是什么？

【案情简介】

农民王老太今年56岁，卧病在床，无生活来源，她有一个儿子，是精神病患者，一年前走失，至今下落不明。王老太听人说无儿无女无收入的老年人能享受"五保"待遇。王老太想知道像自己这种情况能否享受"五保"待遇？"五保"具体的内容是什么？请问：农村五保供养对象和供养内容是什么？

案例评析

"五保"供养制度是我国1956年确立的农村社会救济制度。五保供养，是指对符合供养条件的村民在吃、穿、住、衣、葬等方面给予生活照顾和物质帮助；农村集体经济组织负责提供五保供养所需的经费和实物，乡、民族乡、镇人民政府负责组织五保供养工作的实施。

《农村五保供养工作条例》（国务院发〔2006〕456号令）第6条规定五保供养的对象是村民中符合下列条件的老年、残疾或者未满16周岁的村民：（1）无劳动能力的；（2）无生活来源的；（3）无法定赡养、抚养、扶养义务人，或者其法定赡养、抚养、扶养义务人无赡养、抚养、扶养能力的。

该工作条例第九条规定五保供养内容有以下五点：

（1）供给粮油、副食品和生活用燃料（保吃）；（2）供给服装、被褥等生活用品和零用钱（保穿）；（3）提供符合基本居住条件的住房（保住）；（4）提供疾病治疗，对生活不能自理的给予照料（保医）；（5）办理丧葬事宜（保葬）。

本案中的王老太没有生活来源和劳动能力，虽然有法定的赡养义务人（其儿子），但其法定的赡养义务人无赡养能力（因为其儿子是精神病人），所以王老太符合《农村五保供养工作条例》第六条规定的条件，可以享受“五保”待遇，即享受保吃、保穿、保住、保医、保葬的待遇。

3. 申请成为“五保户”的程序是什么？

【案情简介】

农民张老汉符合五保供养的条件，想申请成为“五保户”，但不知道向谁申请，怎样申请？请问：申请成为五保户的程序是什么？

案例评析

本案反映的主要是申请成为五保户的程序问题。《农村五保供养工作条例》（国务院发〔2006〕456号令）第七条明确规定了五保供养的申请程序。第一步，由村民本人向村民委员会提出申请；因年幼或者智力残疾无法表达意愿的，由村民小组或者其他村民代为提出申请；第二步，村民委员会对申请进行民主评议，对符合五保供养条件的，在本村范围内公告；无重大异议的，由村民委员会将评议意见和有关材料报送乡、民族乡、镇人民政府审核；第三步，乡、民族乡、镇人民政府对评议意见进行审核，自收到评议意见之日起20日内提出审核意见，并将审核意见和有关材料报送县级人民政府民政部门审批；第四步，县级人民政府民政部门对审核意见进行审批，自收到审核意见和有关材料之日起20日内作出审批决定，对批准给予农村五保供养待遇的，发给《农村五保供养证书》，对不符合条件不予批准的，应当书面说明理由。

五保供养申请程序的具体流程如下所示：

本人自愿申请→村委会民主评议→乡镇政府审核→县级民政部门审批。

4. “五保户”一定要住敬老院吗?

【案情简介】

牛大爷家住吉林省蛟河市新农乡北沟村，今年快70岁了，无儿无女，独自一人居住，没有劳动能力，是由蛟河市新农乡北沟村村委会扶养的五保户，2007年4月，村委会考虑到牛大爷一人独住，生活多有不便，于是安排他进乡里的敬老院养老，但牛大爷已经习惯了一个人生活，不想去敬老院。请问：“五保户”一定要住敬老院吗?

案例评析

本案反映的主要是五保户的供养方式问题。我国《农村五保供养工作条例》（国务院发〔2006〕456号令）第十二条规定：“农村五保供养对象可以在当地的农村五保供养服务机构集中供养，也可以在家分散供养。”第十三条规定：“集中供养的农村五保供养对象，由农村五保供养服务机构提供供养服务；分散供养的农村五保供养对象，可以由村民委员会提供照料，也可以由农村五保供养服务机构提供有关供养服务。”第十七条第二款规定：“村民委员会可以委托村民对分散供养的农村五保供养对象提供照料。”可见，在我国，对于五保户的供养方式主要有两种：集中供养和分散供养。集中供养是指将五保对象供养在当地的农村五保供养服务机构中，如敬老院、养老院等，这些机构由集体组织提供经费举办，为五保户提供供养服务；分散供养是指由村委会或村委会委托的村民对五保户在家进行供养，由集体组织向受委托的村民提供生活费用补贴。

我国《农村五保供养工作条例》第十二条规定，农村五保供养对象可以自行选择供养形式。也就是说，农村五保户既可以选择敬老院、养老院的集中供养方式，也可以选择在家的分散供养方式，这是法律赋予五保供养对象的权利。

在本案中，牛大爷作为五保户，当然具有选择供养形式的权利，因此，牛大爷不是一定要住敬老院，他可以选择在家分散供养的方式。

5. “五保户”留下的宅基地如何处理？

【案情简介】

农民齐大爷生前是一名“五保户”，他的生养死葬均由其所在的张村村民小组负责，但未形成任何书面协议。2001 年齐大爷因病去世，留下土木结构房屋 3 间，其死后，从未有人提出过要求继承，几年来该房屋在风雨中慢慢倒塌。2005 年下半年起，村民小组为响应中央“建设新农村”的号召，经有关部门批准后，决定在包括齐大爷留下的一大片废地基上连片建设标准化农民住宅。正当地基平整完毕村民小组准备建房时，齐大爷的侄子齐某前来阻挠，认为他是齐大爷的唯一法定继承人，齐大爷的宅基地应归其所有。村民小组却认为，齐某未对齐大爷尽到任何义务，齐大爷一直都由村民小组供养，死后也是由村民小组负责埋葬，再说时间过了这么久也一直无人提出宅基地的事，齐大爷生前的宅基地应收归村民小组所有。齐某不服，遂不断地向相关部门反映，要求解决此事。请问：“五保户”留下的宅基地该如何处理？能否被继承？

案例评析

本案争议的焦点是宅基地是否属于遗产以及齐某是否享有继承权。根据我国《继承法》的规定，遗产是被继承人死亡时所留下的个人合法财产，若不是个人财产则不能称之为遗产。

从宅基地的性质来看，根据我国《物权法》第一百五十二条的规定，农村居民享有的只是宅基地的土地使用权，其所有权仍属集体所有，宅基地土地使用权与农村居民的人身密不可分，在农村居民本人及其同住亲属死亡或不再使用该宅基地且宅基地上的房屋已不存在时，宅基地的土地使用权自然消灭。本案齐大爷本人已死亡，生前也无同住亲属，依照“地随房走”的原则，该宅基地的使用权已归于消灭，也就是说齐大爷死后留下的宅基地不属于遗产范畴，不属于齐大爷的遗产范围。此外，我国土地管理法规定，“农村村民一户只能拥有一处宅基地”。如果允许宅基地被继承，则显然违背了法律的这一强制性规定，所以综上，该宅基地应属于村民小组所有，齐某无权要求继承。

另外，根据我国《继承法》第十条关于法定继承人范围的规定，齐某并不是齐大爷的法定继承人，因此无权要求继承齐大爷的财产。

6. “五保户”去世后，房屋归谁所有？

【案情简介】

农民蔡老汉是吉林市龙潭区乌拉街镇的居民，其于1997年去世，在其去世前的近20年的时间内，无依无靠，孤寡一人。他既无任何亲戚，也无生活来源。蔡老汉原有土草房3间，后于1991年因大水浸泡倒塌，该镇居委会为此特地筹资为他修建了3间瓦房。蔡老汉平时的生活来源及日常生活起居都是由该居委会照管，其大小疾患也由该居委会为其医治，他的善后事宜也全由居委会料理。1997年蔡老汉去世后，其房产由该居委会于1997年底卖给了王某。2000年1月，王某诉至龙潭区人民法院，请求确认该买入房地产的产权归其所有。后经法院调解，王某与该镇居委会达成调解协议，确认该房地产归王某所有。

案例评析

本案争议的焦点是该镇居委会是否取得了蔡老汉房产的所有权。根据我国《农村五保供养工作条例》的相关规定，蔡老汉是五保户，其死亡后无法定继承人和遗嘱继承人。蔡老汉在世时，由乌拉街镇居委会供养，负责其生老死葬，其与该镇的居委会构成了事实上的遗赠抚养法律关系。我国《继承法》第五条规定：“继承开始后，按照法定继承办理；有遗嘱的，按照遗嘱继承或遗赠办理；有遗赠扶养协议的，按照协议办理。”第三十一条第二款规定：“公民可以和集体经济组织签订遗赠抚养协议。按照协议，集体所有制经济组织承担该公民生养死葬的义务，享有受遗赠的权利。”根据这两条法律规定，蔡老汉去世后，其房产应归由该镇居委会所有。该镇居委会转让蔡老汉房产的行为系有权处分，王某有权取得该房产的所有权。

7. 公民与集体经济组织签订的遗赠扶养协议，能否按“五保”关系对待?

【案情简介】

原告孙有玫的生父于 1985 年死亡。同年孙母与周明结婚，孙有玫随母亲和继父共同生活。1993 年，孙有玫结婚，随丈夫一起生活。周明有祖遗房产 4 间，木帆船一只，以驾船运输为业。1996 年初，某县组织水上船民成立平安运输合作社，周明带船加入该合作社。1997 年，周明因年老体弱不能再驾船运输，夫妻俩身边没有亲人，生活诸多不便。于是，周明夫妇和平安运输合作社商定，由合作社负责周明夫妇的生活费用和日常生活的照料，并负责其死后的安葬；周明夫妻的房屋四间、木帆船一只，在其死后归合作社所有。在此期间，孙有玫虽未负担父母的生活费用，但经常看望父母，帮助料理家务。1999 年、2004 年周明夫妇相继去世，由木帆船合作社负责安葬。2005 年，合作社将周明夫妇的遗产 4 间房屋出卖给他人，孙有玫认为这是侵犯了自己的继承权，遂向人民法院起诉。

案例评析

本案争议的焦点是被继承人周明夫妇与平安合作社之间的

法律关系如何定性的问题，即被继承人周明夫妇与平安合作社之间是遗赠扶养协议关系还是“五保”关系。如果认定周明夫妇与平安合作社之间系遗赠扶养协议关系，则平安合作社在履行扶养义务后可以取得遗产。如果认定周明夫妻在丧失劳动能力后，平安合作社对其给予了“五保”待遇，在这种情况下，平安合作社不能取得遗产，周明夫妇的遗产应该由其女儿孙有玫继承。因此，对于周明夫妇与平安合作社之间的法律关系的定性是解决本案的关键。在对其定性之前，先简单介绍一下有关遗赠扶养协议和“五保”制度的相关法律法规。

遗赠扶养协议是当事人之间的一种合同关系。我国《继承法》第31条规定：“公民可以和扶养人签订遗赠扶养协议。按照协议，扶养人承担该公民生养死葬的义务，享受受遗赠的权利。公民可以和集体经济组织签订遗赠抚养协议。按照协议，集体所有制经济组织承担该公民生养死葬的义务，享有受遗赠的权利。”根据这一规定，被扶养人有要求扶养的权利和恪守协议，不得对自己的财产做出不利于扶养人的处分等义务，扶养人有取得遗产的权利和义务。

根据《最高人民法院关于贯彻执行〈中华人民共和国继承法〉若干问题的意见》第五十五条的规定：“集体组织对‘五保户’实行‘五保’时，双方有扶养协议的，按协议处理；没有扶养协议，死者有遗嘱继承人或法定继承人要求继承的，按遗嘱继承或法定继承处理，但集体组织有权要求扣除‘五保’费用。”根据这一规定，集体组织对“五保户”实行“五保”时，双方有扶养协议的，按照协议处理；没有扶养协议的，如果死者有法定继承人或遗嘱继承人要求继承的，在扣还死者生前的“五保”费用和合法债务后，其遗产可以按法定继承或遗嘱继承处理。

在本案中，应明确的是，“五保”关系和遗赠扶养协议虽看起来相似，其实两者有着质的区别：（1）性质不同。遗赠扶养协议是一种劳动群众互助互济的一种措施；而“五保”供养关系则是一种解决社会保障问题的有效手段，是农村集体经济组织对五保对象实行供养的一种方法。（2）基础不同。遗赠扶养协议是双方当事人平等自愿协商的结果；而“五保”供养关系具有社会保障和社会福利的性质，是供养人必须履行的义务。（3）主体不同。遗赠扶养协议中的扶养人是集体经济组织或遗赠人法定继承人以外的自然人，而五保供养关系的供养人则仅为农村集体经济组织，受委托的扶养人往往是形式上的扶养人，因为供养的经费和实物通常仍是由农村集体经济组织负担；遗赠扶养协议中的遗赠人（即被供养人）虽主要是缺乏劳动能力的鳏寡孤独者，但我国《继承法》对其并没有作任何强制性的限制。而五保供养关系中的被供养人，依《农村五保供养工作条例》（国务院发〔2006〕456 号令）第六条的规定，其应为无劳动能力、无生活来源又无法定赡养、抚养、扶养义务人，或者其法定赡养、抚养、扶养义务人无赡养、抚养、扶养能力的老年人、残疾人或者未满 16 周岁的村民。

本案中，周明夫妇和平安合作社之间的关系是遗赠扶养关系，而不是“五保”供养关系，因此，平安合作社在履行扶养义务后应该取得遗产。

8. 农村“五保户”的遗产应如何处理?

【案情简介】

农民吴老汉无儿无女，2000 年其老伴去世后，吴老汉一直享受“五保”待遇，还有一个侄女协助扶养。2004 年，吴老汉因病不治，也去世了。吴老汉去世后，留有房屋两间，猪、鸡、鸭、鹅等家畜若干，还有一些生产工具和一些家具。死者在外地的弟弟要求继承，而死者所在的村委会主张归集体所有，双方协商不成，对簿公堂。法院审理时发现死者临终有口头遗嘱，将房屋赠与其侄女。经核算，全部财产在扣除“五保”费用后还有剩余。问：本案该如何处理？

案例评析

本案所反映的主要问题是农村“五保户”遗产处理的问题。根据我国《继承法》第三十一条第二款规定：“公民可以和集体经济组织签订遗赠抚养协议。按照协议，集体所有制经济组织承担该公民生养死葬的义务，享有受遗赠的权利。”第三十二条规定：“无人继承又无人受遗赠的遗产，归国家所有；死者生前是集体经济所有制组织成员的，归所在集体所有制组织所有。”《最高人民法院关于贯彻执行＜中华人民共和国继承法＞若干问题的意见》第五十五条的规定：“集体组织对‘五保户’实行‘五保’时，双方有扶养协议的，按协议处理；没有扶养协议，死者有遗嘱继承人或法定继承人要求继承的，按遗嘱继承或法定继承处理，但集体组织有权要求扣除‘五保’费用。”按照该规定，“五保户”的遗产应按以下方式处理：

第一，农村集体组织对“五保户”实行五保时，双方有遗赠扶养协议的，按协议处理。

第二，无遗赠扶养协议的，死者有遗嘱继承人的按遗嘱处理。无遗嘱继承人的按法定继承处理。但农村集体组织有权要求从死者的遗产内扣除“五保”费用，剩余财产再按遗嘱继承或法定继承处理。

第三，"五保户"的亲友对死者生前有过一定扶助的，可以在遗产中给予适当照顾。

第四，死者没有继承人、受遗赠人或者继承人、受遗赠人都放弃继承、受遗赠或者丧失继承权、受遗赠权的，如果死者是集体组织成员，则遗产归该集体组织所有，否则归国家所有。

在本案中，该村委会和吴老汉之间没有遗赠扶养协议，因此生产队仅能要求在吴老汉的遗产中支付其已经负担的丧葬费用和"五保"费用，而无权要求取得吴老汉的其他财产。死者的弟弟虽然属于吴老汉的法定继承人，但我国继承法的精神和原则是遗嘱继承优于法定继承，在本案中，吴老汉生前有口头遗嘱，因此，应尊重吴老汉生前对自己财产处分的意愿，将两间房屋判给其侄女所有。对死者弟弟的诉讼请求应予以驳回。

9. 农村"五保户"因交通事故死亡后，村委会能否作为权利人获得赔偿?

【案情简介】

年已七旬的高老汉是江苏省姜堰市一名普通村民，终身未婚，被列为村里的五保户。1998 年初，村委会出资将其送入镇养老院安度晚年。然而，天有不测风云。2007 年 6 月 26 日凌晨，高老汉与另一五保老人驾驶人力三轮车外出途中，不幸被盐城响水县年轻司机薛某驾驶的重型厢式货车撞了个正着，两位老人身受重伤，高老汉经抢救无效于当日死亡。事发后，薛某弃车逃逸。交警部门认定薛某负事故全部责任。村委会处理完高老汉后事后，就民事赔偿部分与肇事方协商未果，遂于 2007 年 8 月初向姜堰法院提起诉讼，要求驾驶员薛某、车主安徽凤阳县某运输公司及安徽蚌埠某保险公司共同赔偿高老汉丧葬费、死亡赔偿金等 8 万元。

案例评析

本案争议的焦点是村委会是否是权利人以及死亡赔偿金是否属于遗产的范围。第一，村委会是权利人。高老汉生前是该村的五保户，村委会事实上承担了对高老汉的赡养义务，根据权利、义务对等原则，村委会可以作为赔偿权利人要求侵权人承担责任。第二，死亡赔偿金属于遗产的范围。我国《最高人民法院关于审理人身损害赔偿案件适用法律若干问题的解释》中对死亡赔偿金已明确界定为财产性质的收入损失，因此对死亡赔偿金可以比照死者遗产予以处理。

在本案中高老汉因交通事故而死亡，由此而发生死亡赔偿金可以比照遗产予以处理，即死亡赔偿金依法是可以继承的。高老汉是该村的五保户，终身未婚，没有任何直系亲属。村委会承担了对高老汉的赡养义务，根据权利义务对等原则，村委会可以要求侵权人承担侵权责任，赔付死亡赔偿金。赔付的死亡赔偿金属于无人继承又无人受遗赠的遗产，根据《中华人民共和国继承法》第三十二条规定："无人继承又无人受遗赠的遗产，归国家所有；死者生前是集体所有制组织成员的，归所在集体所有制组织所有"。高老汉是该村的村民，赔付的死亡赔偿金应由该村村民委员会继承所有。

我国目前的司法实践中，对于五保户因交通事故死亡后，村委会享有赔偿请求权持肯定态度。理由在于村委会尽了对五保户的扶养义务，就应该享有相应的权利，即权利义务对等原则。

10. 村委会书记截留“五保户”生活费怎么办?

【案情简介】

李大爷、王大娘、钱大爷等都是海南省临高县临城镇禄道村的“五保户”，一直享受“五保”待遇，从2006年初开始，他们所领的五保供养金由每月360元降至了270元。其中的90元被该村的村委会书记颜某克扣。李大爷等多次向颜某讨要，均无任何结果。2006年底。李大爷等自发到镇党委反映情况，接到群众反映后，镇党委和镇政府立即委派相关职能部门深入基层调查，结果发现颜某在任村委会书记期间，克扣五保户生活费3000多元。后镇党委决定对颜某给予降职处分，并通报批评。

案例评析

本案所反映的主要问题是当五保户的合法权益被侵犯时应怎样处理的问题。在现实生活，常常会出现五保户的供养金被克扣的现象，当农村老年朋友们的五保供养金被克扣时，应该拿起法律武器，维护自己的权益。

我国《农村五保供养工作条例》（国务院发〔2006〕456号令）第二十二条的规定：“有关行政机关及其工作人员有下列行为之一的，对直接负责的主管人员以及其他直接责任人员依法给予行政处分；构成犯罪的，依法追究刑事责任：(一) 对符合农村五保供养条件的村民不予批准享受农村五保供养待遇的，或者对不符合农村五保供养条件的村民批准其享受农村五保供养待遇的；（二）贪污、挪用、截留、私分农村五保供养款物的；（三）有其他滥用职权、玩忽职守、徇私舞弊行为的。”第二十三条规定：“村民委员会组成人员贪污、挪用、截留农村五保供养款物的，依法予以罢免；构成犯罪的，依法追究刑事责任。”从以上法律规定可以看出，我国法律明令禁止克扣五保供养财物，一旦相关人员违反禁止性规定，将承担相应的法律责任。因此，当五保户的合法权益因上述人员的违法行为而受到侵犯时，可以向上述人员所在单位的上级行政机关反映（如本案中的镇党委），当其行为构成犯罪时，可以向公安机关或检察机关举报，以维护自己的合法权益。

【法律依据】《农村五保供养工作条例》（2006年1月11日国务院第121次常务会议通过 2006年1月21日国务院令第456号颁布 自2006年3月1日起施行）

目　　录

第一章　总则

第一条　为了做好农村五保供养工作，保障农村五保供养对象的正常生活，促进农村社会保障制度的发展，制定本条例。

第二条 本条例所称农村五保供养，是指依照本条例规定，在吃、穿、住、医、葬方面给予村民的生活照顾和物质帮助。

第三条 国务院民政部门主管全国的农村五保供养工作；县级以上地方各级人民政府民政部门主管本行政区域内的农村五保供养工作。

乡、民族乡、镇人民政府管理本行政区域内的农村五保供养工作。

村民委员会协助乡、民族乡、镇人民政府开展农村五保供养工作。

第四条 国家鼓励社会组织和个人为农村五保供养对象和农村五保供养工作提供捐助和服务。

第五条国家对在农村五保供养工作中做出显著成绩的单位和个人，给予表彰和奖励。

第二章 供养对象

第六条 老年、残疾或者未满16周岁的村民，无劳动能力、无生活来源又无法定赡养、抚养、扶养义务人，或者其法定赡养、抚养、扶养义务人无赡养、抚养、扶养能力的，享受农村五保供养待遇。

第七条 享受农村五保供养待遇，应当由村民本人向村民委员会提出申请；因年幼或者智力残疾无法表达意愿的，由村民小组或者其他村民代为提出申请。经村民委员会民主评议，对符合本条例第六条规定条件的，在本村范围内公告；无重大异议的，由村民委员会将评议意见和有关材料报送乡、民族乡、镇人民政府审核。

乡、民族乡、镇人民政府应当自收到评议意见之日起20日内提出审核意见，并将审核意见和有关材料报送县级人民政府民政部门审批。县级人民政府民政部门应当自收到审核意见和有关材料之日起20日内作出审批决定。对批准给予农村五保供养待遇的，发给《农村五保供养证书》；对不符合条件不予批准的，应当书面说明理由。

乡、民族乡、镇人民政府应当对申请人的家庭状况和经济条件进行调查核实；必要时，县级人民政府民政部门可以进行复核。申请人、有关组织或者个人应当配合、接受调查，如实提供有关情况。

第八条 农村五保供养对象不再符合本条例第六条规定条件的，村民委员会或者养老院等农村五保供养服务机构（以下简称农村五保供养服务机构）应当向乡、民族乡、镇人民政府报告，由乡、民族乡、镇人民政府审核并报县级人民政府民政部门核准后，核销其《农村五保供养证书》。

农村五保供养对象死亡，丧葬事宜办理完毕后，村民委员会或者农村五保供养服务机构应当向乡、民族乡、镇人民政府报告，由乡、民族乡、镇人民政府报县级人民政府民政部门核准后，核销其《农村五保供养证书》。

第三章　供养内容

第九条 农村五保供养包括下列供养内容：

（一）供给粮油、副食品和生活用燃料；

（二）供给服装、被褥等生活用品和零用钱；

（三）提供符合基本居住条件的住房；

（四）提供疾病治疗，对生活不能自理的给予照料；

（五）办理丧葬事宜。

农村五保供养对象未满16周岁或者已满16周岁仍在接受义务教育的，应当保障他们依法接受义务教育所需费用。

农村五保供养对象的疾病治疗，应当与当地农村合作医疗和农村医疗救助制度相衔接。

第十条 农村五保供养标准不得低于当地村民的平均生活水平，并根据当地村民平均生活水平的提高适时调整。

农村五保供养标准，可以由省、自治区、直辖市人民政府制定，在本行政区域内公布执行，也可以由设区的市级或者县级人民政府制定，报所在的省、自治区、直辖市人民政府备案后公布执行。

国务院民政部门、国务院财政部门应当加强对农村五保供养标准制定工作的指导。

第十一条 农村五保供养资金，在地方人民政府财政预算中安排。有农村集体经营等收入的地方，可以从农村集体经营等收入中安排资金，用于补助和改善农村五保供养对象的生活。农村五保供养对象将承包土地交由他人代耕的，其收益归该农村五保供养对象所有。具体办法由省、自治区、直辖市人民政府规定。

中央财政对财政困难地区的农村五保供养，在资金上给予适当补助。

农村五保供养资金，应当专门用于农村五保供养对象的生活，任何组织或者个人不得贪污、挪用、截留或者私分。

第四章 供养形式

第十二条 农村五保供养对象可以在当地的农村五保供养服务机构集中供养，也可以在家分散供养。农村五保供养对象可以自行选择供养形式。

第十三条 集中供养的农村五保供养对象，由农村五保供养服务机构提供供养服务；分散供养的农村五保供养对象，可以由村民委员会提供照料，也可以由农村五保供养服务机构提供有关供养服务。

第十四条 各级人民政府应当把农村五保供养服务机构建设

纳入经济社会发展规划。

县级人民政府和乡、民族乡、镇人民政府应当为农村五保供养服务机构提供必要的设备、管理资金，并配备必要的工作人员。

第十五条 农村五保供养服务机构应当建立健全内部民主管理和服务管理制度。

农村五保供养服务机构工作人员应当经过必要的培训。

第十六条 农村五保供养服务机构可以开展以改善农村五保供养对象生活条件为目的的农副业生产。地方各级人民政府及其有关部门应当对农村五保供养服务机构开展农副业生产给予必要的扶持。

第十七条 乡、民族乡、镇人民政府应当与村民委员会或者农村五保供养服务机构签订供养服务协议，保证农村五保供养对象享受符合要求的供养。

村民委员会可以委托村民对分散供养的农村五保供养对象提供照料。

第五章 监督管理

第十八条 县级以上人民政府应当依法加强对农村五保供养工作的监督管理。县级以上地方各级人民政府民政部门和乡、民族乡、镇人民政府应当制定农村五保供养工作的管理制度，并负责督促实施。

第十九条 财政部门应当按时足额拨付农村五保供养资金，确保资金到位，并加强对资金使用情况的监督管理。

审计机关应当依法加强对农村五保供养资金使用情况的审计。

第二十条 农村五保供养待遇的申请条件、程序、民主评议情况以及农村五保供养的标准和资金使用情况等，应当向社会公告，接受社会监督。

第二十一条 农村五保供养服务机构应当遵守治安、消防、卫生、财务会计等方面的法律、法规和国家有关规定，向农村五保供养对象提供符合要求的供养服务，并接受地方人民政府及其有关部门的监督管理。

第六章 法律责任

第二十二条 违反本条例规定，有关行政机关及其工作人员有下列行为之一的，对直接负责的主管人员以及其他直接责任人员依法给予行政处分；构成犯罪的，依法追究刑事责任：

（一）对符合农村五保供养条件的村民不予批准享受农村五保供养待遇的，或者对不符合农村五保供养条件的村民批准其享受农村五保供养待遇的；

（二）贪污、挪用、截留、私分农村五保供养款物的；

（三）有其他滥用职权、玩忽职守、徇私舞弊行为的。

第二十三条违反本条例规定，村民委员会组成人员贪污、挪用、截留农村五保供养款物的，依法予以罢免；构成犯罪的，依法追究刑事责任。

违反本条例规定，农村五保供养服务机构工作人员私分、挪用、截留农村五保供养款物的，予以辞退；构成犯罪的，依法追究刑事责任。

第二十四 条违反本条例规定，村民委员会或者农村五保供养服务机构对农村五保供养对象提供的供养服务不符合要求的，由乡、民族乡、镇人民政府责令限期改正；逾期不改正的，乡、民族乡、镇人民政府有权终止供养服务协议；造成损失的，依法承担赔偿责任。

第七章　附则

第二十五条　《农村五保供养证书》由国务院民政部门规定式样，由省、自治区、直辖市人民政府民政部门监制。

第二十六条　本条例自2006年3月1日起施行。1994年1月23日国务院发布的《农村五保供养工作条例》同时废止。

亲属养老篇

一、养子女、继子女的赡养义务

核心提示

养子女、继子女与养父母、继父母以及亲生父母之间具有错综复杂的关系。《中华人民共和国收养法》第十五条规定“收养应当向县级以上人民政府民政部门登记。收养关系自登记之日起成立。收养查找不到生父母的弃婴和儿童的，办理登记的民政部门应当在登记前予以公告。收养关系当事人愿意订立收养协议的，可以订立收养协议。收养关系当事人各方或者一方要求办理收养公证的，应当办理收养公证。”

最高人民法院《关于学习、宣传、贯彻执行<中华人民共和国收养法>的通知》第二条规定：“收养法实施后，各级人民法院必须严格执行。收养法实行后发生的收养关系，审理时适用收养法。收养法实施前受理，实施时尚未审结的收养案件，或者收养法实施前发生的收养关系，收养法实施后当事人诉请确认收养关系的，审理时应适用当时的有关规定；当时没有规定的，可比照收养法处理。对于收养法实施前成立的收养关系，收养法实施后当事人诉请解除收养关系的，应适用收养法。”

《中华人民共和国收养法》第二十三条规定：“自收养关系成

立之日起，养父母与养子女间的权利义务关系，适用法律关于父母子女关系的规定；养子女与养父母的近亲属间的权利义务关系，适用法律关于子女与父母的近亲属关系的规定。养子女与生父母及其他近亲属间的权利义务关系，因收养关系的成立而消除。”

《中华人民共和国收养法》第二十七条规定：“养父母与成年养子女关系恶化、无法共同生活的，可以协议解除收养关系。不能达成协议的，可以向人民法院起诉。”

《中华人民共和国收养法》第二十九条规定：“收养关系解除后，养子女与养父母及其近亲属间的权利义务关系即行消除，与生父母及其他近亲属间的权利义务关系自行恢复，但成年养子女与生父母及其近亲属间的权利义务关系是否恢复，可以协商确定。”

《中华人民共和国收养法》第三十条规定：“收养关系解除后，经养父母抚养的成年养子女，对缺乏劳动能力又缺乏生活来源的养父母，应当给付生活费。因养子女成年后虐待、遗弃养父母而解除收养关系的，养父母可以要求养子女补偿收养期间支出的生活费和教育费。生父母要求解除收养关系的，养父母可以要求生父母适当补偿收养期间支出的生活费和教育费，但因养父母虐待、遗弃养子女而解除收养关系的除外。”

《中华人民共和国婚姻法》第二十七条的规定，“继父母与继子女间，不得虐待和歧视。继父或继母和受其抚养教育的继子女间的权利和义务，适用本法对父母子女关系的有关规定。”

最高人民法院《关于继母与生父离婚后仍有权要求已与其形成抚养关系的继子女履行赡养义务的批复》（1986 年 3 月 21 日）规定，受过继父母抚养的继子女在继父母已与生父母离婚后，仍然负有赡养继父母的义务。

以案说法

1. 有亲生子女的父母，能否要求养子女赡养自己?

【案情简介】

李某、张某夫妇在结婚后最初几年一直没有生育，因此于1970年抱养了李晓做养子。之后，夫妇二人又生了两个男孩。三个孩子相继成年，李某、张某夫妇在幼子结婚之后，随即将三个儿子叫到一起进行“分家”，并约定，现有的6间房子老二老三个两间，养子李晓分得一间，另外一间供夫妇俩使用，待夫妇俩百年之后由李晓继承，同时，三个儿子每人每个月出80元赡养二老。但自2000年开始，李晓自己盖了房子，原来的一间旧房子成了杂物间，李某夫妇希望李晓能把旧房子腾出来，于是与养子李晓发生了一些不愉快的争吵。养子李晓埋怨父母只疼亲生孩子，自己是养子就处处要忍让；李某、张某夫妇也觉得委屈，认为养子就是养子，不像自己的亲生儿子那样照顾自己。茅盾逐渐激化，于是李晓不再给李某、张某夫妇提供赡养费，对二老也不闻不问，并说李某、张某有两个亲生儿子进行赡养，自己是养子，不负有赡养义务。李某、张某夫妇因此将养子李晓告上了法庭，要求李晓赡养自己，法院会支持李某、张某夫妇的诉讼请求吗？李晓认为李某、张某有亲生儿子自己就可以不负赡养义务有道理吗？

案例评析

本案的主要问题在于首先要确定李某、张某夫妇抱养李晓做养子是不是形成了收养关系，其次是要知道养子女对父母的赡养义务是不是有条件的，如果养父母有亲生的子女则养子女是不是就免于赡养义务？

对于李某、张某夫妇与李晓的关系，我们可以确定他们是典型的收养关系。虽然《中华人民共和国收养法》第十五条第一款规定："收养应当向县级以上人民政府民政部门登记。收养关系自登记之日起成立。"也就是说，只有经过县级以上民政部门登记的，收养才有效，才形成收养关系。但考虑到我国广大农村地区的实际情况，也为了促进收养法的实施，最高人民法院 1992 年的《关于学习、宣传、贯彻执行 < 中华人民共和国收养法 > 的通知》第二条规定："收养法实施后，各级人民法院必须严格执行。收养法实行后发生的收养关系，审理时适用收养法。收养法实施前受理，实施时尚未审结的收养案件，或者收养法实施前发生的收养关系，收养法实施后当事人诉请确认收养关系的，审理时应适用当时的有关规定；当时没有规定的，可比照收养法处理。对于收养法实施前成立的收养关系，收养法实施后当事人诉请解除收养关系的，应适用收养法。"这里提到的"当时的有关规定"指的是最高人民法院 84 法办字第 112 号《关于贯彻执行民事政策法律若干问题的意见》的规定。《关于贯彻执行民事政策法律若干问题的意见》第二十八条规定："亲友、群众公认，或有关组织证明确以养父母与养子女关系长期共同生活的，虽未办理合法手续，也应按收养关系对待。"李某、张某夫妇收养李晓的时候是在 1977 年，所以他们的收养关系适用《关于贯彻执行民事政策法律若干问题的意见》，成立事实上的收养关系。

关于养子女的地位问题，《中华人民共和国收养法》第二十三条第一款规定："自收养关系成立之日起，养父母与养子女间的权利义务关系，适用法律关于父母子女关系的规定。"养父母与养子女的权利义务关系跟父母子女的权利义务关系一样，没有差别。《中华人民共和国婚姻法》第二十六第一款也条规定："国家保护合法的收养关系。养父母和养子女间的权利和义务，适用本法对父母子女关系的有关规定"。《中华人民共和国婚姻法》第二十一条还规定："父母对子女有抚养教育的义务；子女对父母有赡养扶助的义务"，"子女不履行赡养义务时，无劳动能力的或生活困难的父母，有要求子女给付赡养费的权利"。因此，养子女和亲生子女一样，只要具有合法的收养关系，就与亲生子女有着同样的权利义务，对养父母要尽赡养义务。

本案中李某、张某夫妇与李晓在经过法院调解之后，达成了和解，养子李晓同意仍按约定每个月给李某、张某 80 元赡养费。

【法律依据】《中华人民共和国收养法》第十五条、第二十三条，《中华人民共和国婚姻法》第二十一条、第二十六条，《关于学习、宣传、贯彻执行<中华人民共和国收养法>的通知》第二条，《关于贯彻执行民事政策法律若干问题的意见》第二十八条。

2. 父母未尽抚养义务，养子女是否仍有赡养义务？

【案情简介】

宋某年轻时是一厨师，开了一家小餐馆，在他们镇上还小有名气，收入很不错，但由于一场车祸，宋某丧失了生殖能力，宋某只好与妻子商量收养了两个孩子。刚开始，宋某还以家为重，一家人生活和和睦睦。不久之后，宋某认识了几个牌友，沉迷于赌博，慢慢地又沾染上了其他恶习，吃、喝、嫖、赌样样都干，餐馆的收入开始不能满足自己的开销，更别提拿钱给家里了。宋某的妻子孙某为了维持家庭和孩子的生活，只得想方设法挣钱补贴家用，为别人洗衣服、看孩子，日夜操劳，实在困难的时候，便去向宋某要一些钱，但经常是遭到拒绝。后来宋某索性一人住在店里，不再回家。孙某和两个养子生活非常艰难，然而祸不单行，由于生活过于劳累，而且终日操心，孙某在两个养子不到10岁的时候便与世长辞。两个养子的生活从此更加无依无靠，养父宋某白天不见踪影，小餐馆由于经营不善已经关门，晚上回到家里就拿养子撒气，又是打、又是骂，常常说如果有自己的孩子运气就不会这么背了。就这样，两个养子慢慢长大，结婚生子，宋某曾想过再婚，不过镇里人也都看不上他，他也习惯了一个人的随性生活，靠着早年的一点积蓄，并且也在村里人红白喜事时下下厨赚点钱，宋某的潦倒生活还算勉强维持着。但岁月不饶人，转眼间宋某已经60多岁，再无生活来源。在1998年，宋某请求两个养子对自己进行赡养，但遭到拒绝。于是，宋某向法院提起了诉讼，请求养子每月负担80元赡养自己，而两个养子则提出宋某根本就没把他们俩当儿子看，没有尽到抚养义务，拒绝赡养宋某，究竟两个养子对未尽到父亲责任的宋某有没有赡养义务？

案例评析

养子女没有得到养父母对自己的尽心抚养甚至受到养父母的辱骂殴打，那么，养子女还有没有义务赡养父母是本案的焦点。

在我国，尊老养老是传统的美德，也是我国法律的要求，而且是没有附加条件的。《中华人民共和国婚姻法》第二十一条规定："父母对子女有抚养教育的义务；子女对父母有赡养扶助的义务"，"子女不履行赡养义务时，无劳动能力的或生活困难的父母，有要求子女给付赡养费的权利。"《中华人民共和国老年人权益保护法》第十一条也规定："赡养人应当履行对老年人经济上供养、生活上照料和精神上慰藉的义务，照顾老年人的特殊需要。赡养人是指老年人的子女以及其他依法负有赡养义务的人。赡养人的配偶应当协助赡养人履行赡养义务。”根据法律，抚养和赡养不是互为条件的两种行为，其相互之间是独立的两种法律关系，所以，不管父母对子女是否尽到了抚养义务，子女都负有赡养父母的义务。因此，本案中的两个养子是宋某的赡养人，负有赡养宋某的义务。当然，这存在着情与法的冲突，一方面父母没有尽到自己的职责，这受到法律的否定，也理应受到道德的谴责；另一方面，法律又要求子女对他们要负赡养义务，确实有不公平的地方。但是，从社会的角度来看，法律对于父母对子女的抚养以及子女对父母的赡养做出无条件的强制性规定是出于社会整体利益的考虑，以达到“幼有所依，老有所养”的社会目的。除了家庭的赡养，我国还通过国家与集体的物质帮助为“老有所养”提供保障。《中华人民共和国宪法》第四十五条规定：“中华人民共和国公民在年老、疾病或丧失劳动能力的情况下，有从国家和社会获得物质帮助的权利。国家发展为公民享受这些权利所需要的社会保险、社会救济和医疗卫生事业。”《中华人民共和国老年人权益保护法》第六条也规定：“保障老年人合法权益是全社会的共同责任。国家机关、社会团体、企业事业组织应当按照各自职责，做好老年人权益保障工作。居民委员会、村民委员会和依法设立的老年人组织应当反映老年人的要求，维护老年人合法权益，为老年人服务。”

本案中，法院对宋某年轻时的行为进行了教育，同时也对宋某的两个养子做了开导，最后是通过调解解决了纠纷，宋某认识到了自己的错误，而他的两个养子也同意每人每月出 80 元赡养宋某。

【法律依据】《中华人民共和国婚姻法》第二十一条，《中华人民共和国老年人权益保护法》第六条、第十一条，《中华人民共和国宪法》第四十五条。

3. 继子女可否不赡养已经与父亲离婚的继母?

【案情简介】

江某的前夫程某是一个曾结过婚的人，在他们两结婚的时候，程某有两个儿子，大儿子程育利（以下为化名）6岁，小儿子程育镜5岁。结婚之后，江某与程某共同生活了10年，在经历了风风雨雨之后还是由于种种原因感情走到了破裂的边缘，最后于1990年自愿离婚，两个孩子均由程某抚养。在离婚之后，江某身体不好，并动了一次手术，不能从事较重的体力劳动，并且由于年龄的不断增长，江某也找不到合适的工作，日子一天比一天艰难。同时，由于各种原因，江某在离婚之后没有再结婚，渐渐丧失劳动能力的江某没有了生活来源。于是，江某向程育利和程育镜提出请求，希望他们赡养自己，但遭到了程育利和程育镜的拒绝。程育利和程育镜表示，江某不是他们的亲生母亲，而且已经和他们的父亲离婚了，他们兄弟二人不具有法律的上责任来赡养江某。由此，江某便将程育利和程育镜兄弟告上了法庭，请求他们二人承担赡养费用。那么，到底程育利与程育镜的拒绝有理由呢，还是江某的请求应该得到法院的支持?

案例评析

很显然，本案的核心问题是已经和前夫程某离婚的江某是不是仍然有权利要求曾经的两个继子承担赡养义务。首先我们要知道继父母与继子女是由于父或母的再次婚姻而由法律的拟制而产生的父母与子女的关系。这种父母与子女的关系不同于基于血缘而产生的亲属关系，而是由一种后天的法律行为拟制生成。根据《中华人民共和国婚姻法》第二十七条的规定，“继父母与继子女间，不得虐待和歧视。继父或继母和受其抚养教育的继子女间的权利和义务，适用本法对父母子女关系的有关规定。”可以看出，就赡养而言，继子女对继父母负有亲生子女与父母一样的义务。但是这种法律拟制的父母子女关系可以通过法律行为而解除，如果生父或生母与继母或者继父离婚了，这种基于该婚姻而产生的拟制的父母子女关系也会随之解除，他们之间的权利义务业将消灭，于是继父母对于继子女的抚养义务与继子女对于继父母的赡养义务也就解除。但在现实生活中，继父母对于继子女之间往往存在着抚养关系，而之后如果完全免除了继子女对于曾经的继父母的赡养义务，就会产生权利义务的不平衡，存在不公平因素。因此，最高人民法院《关于继母与生父离婚后仍有权要求已与其形成抚养关系的继子女履行赡养义务的批复》（1986 年 3 月 21 日）中规定，受过继父母抚养的继子女在继父母已与生父母离婚后，仍然负有赡养继父母的义务。

从上面的分析我们可以看出，江某虽然已经和程某离婚，程育利和程育镜也不是自己的亲生儿子，但是江某对程育利和程育镜尽了一定的抚养责任，辛苦地养育了程育利兄弟二人 10 年的时间，符合《最高人民法院关于继母与生父离婚后仍有权要求已与其形成抚养关系的继子女履行赡养义务的批复》（1986 年 3 月 21 日）规定的情况，理应得到程育利和程育镜兄弟的赡养。法院最后也是依此做出最后判决的。

【法律依据】《中华人民共和国婚姻法》第二十七条，《最高人民法院关于继母与生父离婚后仍有权要求已与其形成抚养关系的继子女履行赡养义务的批复》（1986 年 3 月 21 日）。

4. 解除收养关系后，养父母可否要求成年子女支付以后的生活费?

【案情简介】

谢国明（以下为化名）老汉在1980年收养了一名4岁的男孩谢义作为养子。虽然时值改革开放初期，谢国明老汉经济并不富裕，生活也比较艰难，但是他对谢义的教育和起居饮食仍十分用心，不仅让谢义进学校念书，还在自己干完农活之后教谢义下象棋，悉心开启谢义的心智，希望有朝一日谢义能出人头地。但世事难料，谢义虽然乖巧，学习却不好，为人处事上也并不诚恳，后来谢义成了家，自己开了一家小卖铺，生意不算红火，但也足以满足一家人的生活开支。然而，成家立业后的谢义对谢国明并没有感激之心，对养父十分冷漠，不仅不照料谢国明的生活还嫌弃他，埋怨谢国明没有好好培养自己，以至于现在生活拮据。谢义的一举一动令谢国明十分伤心，但谢国明并没有什么奢求，他只想解除他和谢义的收养关系，过自己的生活。只是此时的谢国明已经年老体衰，没有了劳动能力，也没有其他收入，于是谢国明向谢义提出由谢义提供以后的生活费用，解除他们之间的父子关系。谢国明对谢义的请求遭到了谢义的拒绝，谢义表示，解除收养关系可以，但不会提供生活费用，因为提出断绝父子关系的是谢国明而不是自己。那么，谢义拒绝承担谢国明解除收养关系以后的生活费用的理由是正当的吗？谢国明能否找到法律依据实现自己的请求呢？

案例评析

本案的主要问题是谢国明能否提出解除收养关系的请求，

以及谢国明要求养子谢义提供解除收养关系以后的生活费用是否有法律依据。根据《中华人民共和国收养法》第二十七条规定："养父母与成年养子女关系恶化、无法共同生活的，可以协议解除收养关系。不能达成协议的，可以向人民法院起诉。"据此，谢国明可以与养子协议解除收养关系，就日后生活费的支付达成协议，并到民政部门办理解除收养关系的登记。但是，很明显谢义只愿意解除收养关系，而不愿意支付谢国明以后的生活费用，因此，谢国明可以向法院起诉，要求解除收养关系，并提出由谢义支付自己以后生活费用的请求。事实上，《中华人民共和国收养法》第二十九条规定："收养关系解除后，养子女与养父母及其近亲属间的权利义务关系即行消除"，但是考虑到养父母抚养养子女，无论在经济上还是在感情上都投入了很多，特别是收养人年老体弱之后，解除收养可能使收养人生活没有着落，于是《中华人民共和国收养法》第三十条第一款规定，"收养关系解除后，经养父母抚养的成年养子女，对缺乏劳动能力又缺乏生活来源的养父母，应当给付生活费。"谢国明符合此条法律的规定，他抚养谢义成人，且目前他丧失劳动能力又没有生活来源，可以依法要求养子在解除收养关系后为其支付生活费。

从我国的法律规定可以看出，对于养父母来说，如果自身有能力，不缺乏生活来源，则无法要求养子女给付解除收养关系之后的生活费。显然，无劳动能力和缺乏生活来源是养父母要求养子女提供生活费用也即养子女承担后赡养义务的必要条件。所谓后赡养义务，是指养子女与养父母解除收养关系后，对养父母承担的赡养义务。根据我国收养法第三十条的规定，我们还可以看出养子女承担后赡养义务的另外三个要件：（1）后赡养义务产生于养父母与养子女收养关系解除之后，这是后赡养义务的时间要件，也是后赡养义务区别于赡养义务的形式特征之一；（2）后赡养义务的主体是经养父母抚养的成年子女。凡名义上收养，实际上未与养父母共同生活，或者虽经养父母抚养但尚未成年的养子女，不是该义务的主体；(3) 后赡养义务的内容是给付生活费。这是后赡养义务区别于赡养义务的实质特征。正常情况下，一般子女对父母的赡养义务既包括物质赡养即给付生活费，又包括精神赡养，而后赡养义务发生在收养关系解除之后，养父母与养子女的关系不复存在，因此，后赡养义务的内容只包含给付生活费。

【法律依据】《中华人民共和国收养法》第二十七条、第二十九条、第三十条。

5. 解除收养关系后，成年养子女是否应当支付养父母在收养期间的抚养费?

【案情简介】

马晓东（以下为化名）在出生35天时被家住农村的马秉夫妇收养，并进行了户籍登记。马秉夫妇因为自身无法生育，视马晓东如自己亲生的一般。但天有不测风云，马秉与妻子冯晴由于感情不和离婚，一个虽不完满但也和睦的家庭变得支离破碎。经过协商，马晓东随养母冯晴共同生活。冯晴在几年的单身生活中颇感辛酸，与马晓东生死相伴，随后，便与邻村的孙示结婚。新的生活让冯晴忘却了过去的痛苦，但是对马晓东的关心和照料大不如前，而马晓东也逐渐长大，并于1999年组建家庭，但仍与孙示、冯晴住在一起。有了家庭的马晓东对养母冯晴也渐渐疏远，有时候由于一些家常小事闹起了别扭。马晓东对孙示也深有不满，有一次马晓东的老婆生病住了院，马晓东希望孙示帮忙到医院照顾，但孙示极力推托，孙示觉得自己已经为马晓东老婆垫付了不少医药费，不想再出力了。马晓东对孙示的疙瘩也直接影响了他与冯晴的关系，渐渐地双方都是对对方恶语相加。因此，冯晴于2007年3月向法院提起了诉讼，称其与养子马晓东关系恶化，无法共同生活，要求解除收养关系，并要求马晓东一次性支付20年来的抚养费10万元。马晓东同意解除收养关系，但称自己一家人靠务农为生，生活困难，不同意给付抚养费。马晓东在解除收养后还应当支付养母冯晴在收养期间的抚养费吗？

案例评析

本案是收养关系解除的纠纷，关键在于冯晴收养马晓东的付出是不是因为收养的解除可以要求收回，也就是冯晴要求马晓东支付抚养费是不是有法律依据。首先要了解一下什么是收养关系的解除。所谓收养关系的解除，是指收养关系成立生效后，根据当事人的合意或法定事由，将已经存在的收养关系加以解除的法律行为。包括协议解除和诉讼解除两种。本案即属于诉讼解除。根据《中华人民共和国收养法》第二十六条第二款的规定：“收养人不履行抚养义务，游虐待、遗弃等侵害未成年养子女合法权益行为的，送养人有权要求解除养父母与养子女间的收养关系。送养人、收养人不能达成解除收养协议的，可以向人民法院起诉”，以及第二十七条的规定：“养父母与成年养子女关系恶化、无法共同生活的，可以协议解除收养关系。不能达成协议的，可以向人民法院起诉。”我们可以看出，诉讼解除的事由有“收养人不履行抚养义务，有虐待、遗弃等侵害未成年养子女合法权益行为的”和“养父母与成年养子女关系恶化、无法共同生活的”两种。本案中冯晴与马晓东属于“关系恶化、无法共同生活”而又无法就解除收养达成协议的情形，双方均同意解除收养关系，而且马晓东已经成年，因此法院应当判定双方解除收养关系。至于收养期间冯晴支出的抚养费，根据《中华人民共和国收养法》第三十条第一款规定：“收养关系解除后，经养父母抚养的成年养子女，对缺乏劳动能力又缺乏生活来源的养父母，应当给付生活费。因养子女成年后虐待、遗弃养父母而解除收养关系的，养父母可以要求养子女补偿收养期间支出的生活费和教育费。”由此可见，本案中的马晓东与冯晴是因为关系恶化、无法共同生活才提出解除收养关系的，并没有“养子女成年后虐待、遗弃养父母”的情形，因此冯晴提出的由马晓东一次性支付20年来的抚养费10万元的请求不符合法律规定。

【法律依据】《中华人民共和国收养法》第二十六条、第二十七条、第三十条。

6. 养子女要赡养亲生父母吗?

【案情简介】

姚老太太1960年嫁到了河北的一个小镇上，生有5个儿子，1969年她和丈夫合计着要养活5个孩子压力太大，也没有办法给孩子们提供比较好的教育，于是将刚生下来的小儿子过继给了一个远房亲戚钟萌。之后，姚老太太和小儿子再没有联系过，姚老太太的丈夫去世的时候也没有通知送人的小儿子。而小儿子在钟萌家里也过得很好，由于钟萌夫妇勤奋、聪明，一家子的日子过得红红火火，还开了一家制衣厂。姚老太太的小儿子作为钟萌家里唯一的男孩，受到了钟萌夫妇的培养教育，在高中毕业后就到家里的制衣厂工作了，现在已经是制衣厂的一个部门主管，但他对自己身世并不知晓，也并不怀疑自己是不是钟萌夫妇亲生的。2006年，姚老太太不幸生了一场大病，动了手术，用去了几乎所有的积蓄，生活陷入窘境，已经没有经济收入的姚老太太还得为每天要吃的中药发愁，原本宽裕的生活变得艰辛起来，更不幸的是姚老太太的其他四个儿子也都穷困潦倒，平时都需要姚老太太接济，这次因为姚老太太的病他们也花了不少钱，现在也是连下锅的米都是三顿并作两顿煮，更别提赡养姚老太太了。此时，焦急的姚老太太想起了已经过继给远房亲戚三十多年不见的小儿子，经过一番联系，姚老太太希望小儿子能够赡养自己，为自己提供救济。那么，姚老太太的小儿子是否有义务赡养姚老太太呢？

案例评析

本案的焦点问题是，子女是不是在过继给别人做养子之后还负有赡养亲生父母的义务，这就要弄清楚子女在过继给别人之后跟原来的亲生父母还存在着什么关系。根据《中华人民共和国婚姻法》第二十六条的规定，“国家保护合法的收养关系。养父母和养子女间的权利和义务，适用本法对父母子女关系的有关规定。养子女和生父母间的权利和义务，因收养关系的成立而消除。”《中华人民共和国收养法》第二十三条也规定：“自收养关系成立之日起，养父母与养子女间的权利义务关系，适用法律关于父母子女关系的规定；养子女与养父母的近亲属间的权利义务关系，适用法律关于子女与父母的近亲属关系的规定。养子女与生父母及其他近亲属间的权利义务关系，因收养关系的成立而消除。”根据以上的法律规定可以看出，收养关系作为一种由法律规定和承认的拟制的父母与子女身份的权利义务关系，它的成立、解除都会产生的一系列的法律上的效果。也就是在收养关系成立之后，被收养人与其亲生父母之间的权利义务关系就此消除，这种法律上的关系的消除，既包括了亲生父母对于被人收养的子女的抚养义务的解除，也包括了被送养的子女对于其亲生父母的赡养义务的解除。

本案中姚老太太在其小儿子刚出生时就送给他人抱养，姚老太太与其小儿子的母子关系随之解除，而在之后的三十几年里他们相互之间也没有任何联系，姚老太太没有理由要求她的小儿子赡养自己。当然，根据《中华人民共和国老年人权益保障法》第二十三条的规定："城市的老年人，无劳动能力、无生活来源、无赡养人和扶养人的，或者其赡养人和扶养人确无赡养能力或者扶养能力的，由当地人民政府给予救济。农村的老年人无劳动能力、无生活来源、无赡养人和扶养人的，或者其赡养人和扶养人确无赡养能力或者扶养能力的，由农村集体经济组织负担保吃、保穿、保住、保医、保葬的五保供养，乡、民族乡、镇人民政府负责组织实施。"姚老太太可以寻求国家和社会的帮助。

【法律依据】《中华人民共和国婚姻法》第二十六条，《中华人民共和国收养法》第二十三条。

7. 养子与亲生儿子约定赡养义务，无效还是有效？

【案情简介】

家住湖北莱县的孟老太今年75岁，早年丧偶，一共生育了一子一女，男的叫胡明，女的叫胡敏，后来又收养了一个男孩，名叫胡俊。16年前，孟老太的两个儿子胡明、胡俊在村干部的主持下，就财产、赡养达成了协议，他们约定祖父靠胡俊生活，孟老太由胡明赡养，两人在协议上签了字，但孟老太没有在协议上签字。之后，孟老太一直居住在胡明家里至今，祖父则住在胡俊家里。协议签订后没几年祖父就去世了。胡俊因此而不再承担赡养义务，起初胡明也不在意，但由于生意场上的失利，胡明的生活变得拮据起来，于是胡明开始反悔，觉得应该由胡俊和自己二人共同承担赡养孟老太的义务，因此也就不想单独赡养孟老太，不再给孟老太提供赡养费用。此时，孟老太年事已高，丧失了劳动能力，也没有其他经济来源，为此，她起诉至莱县法院，要求两个儿子尽赡养义务。在法庭上，胡明表示愿意赡养母亲，但要与胡俊共同分担，但胡俊认为自己在16年前已经与胡明达成协议，由他赡养祖父，胡明赡养母亲，当时母亲也是同意的，且自己是养子，所以母亲的赡养义务应由亲生儿子胡明承担。那么，孟老太要养子胡俊赡养自己是不是违背了原来的协议呢？她的要求是不是合法呢？

案例评析

本案涉及两个关键问题，首先孟老太与两个儿子签订的协议是不是有效，孟老太有没有理由解除协议，另外，如果孟老太签订的协议可以被解除的话，养子胡俊没有了协议作为理由，是不是还可以拿“养子”来拒绝赡养孟老太。

我们首先来看看这个孟老太与两个儿子签订的协议是不是有效。从权利与义务的性质看，权利人可以免除义务人的义务。权利与义务是相对的，权利人可以放弃权利，但义务人则不可以自行免除义务。被赡养权是一种相对权，也是一种请求权，是被赡养人请求特定义务人为特定行为之权利，赡养是被赡养人与特定赡养人之间的民事法律关系，被赡养权利人的被赡养的权利与赡养义务人的赡养义务是相对的。被赡养权利人可以对自己所应享受的被赡养的权利予以放弃，这是被赡养权利人处分自己民事权利的一种体现，相对应的赡养义务人的赡养义务即被免除。《中华人民共和国宪法》第四十九条第三款规定："父母有抚养教育未成年子女的义务，成年子女有赡养扶助父母的义务。"《中华人民共和国婚姻法》第二十一条规定："父母对子女有抚养教育的义务；子女对父母有赡养扶助的义务。父母不履行抚养义务时，未成年的或不能独立生活的子女，有要求父母付给抚养费的权利。子女不履行赡养义务时，无劳动能力的或生活困难的父母，有要求子女付给赡养费的权利。"法律对父母是否可以与子女签订免于赡养义务的协议没有明确规定，但就本案来说，由于孟老太并未在协议上签字，没有明确的意思表示，因此不能推定孟老太认可该协议，胡俊仍然负有赡养母亲的义务。

至于胡俊认为自己是个养子，有胡明这个亲生儿子可以赡养孟老太，自己便对孟老太不负有赡养义务无疑是错误的。根据《中华人民共和国收养法》第二十三条第一款的规定，"自收养关系成立之日起，养父母与养子女间的权利义务关系，适用法律关于父母子女关系的规定"。养父母与养子女的权利义务关系跟父母子女的权利义务关系一样，没有差别。因此，胡俊同样负有赡养孟老太的义务。

【法律依据】《中华人民共和国宪法》第四十九条，《中华人民共和国婚姻法》第二十一条，《中华人民共和国收养法》第二十三条。

二、丧偶儿媳、女婿的赡养

核心提示

丧偶儿媳、女婿的赡养义务是指丧偶的儿媳、女婿对公公、婆婆或者岳父、岳母的赡养义务。就目前我国法律来说，并未明确规定丧偶的儿媳、女婿有赡养公婆、岳父母的义务，但在继承法当中有关于丧偶儿媳、女婿对对公公、婆婆或者岳父、岳母尽了赡养义务时，可作为第一顺序继承人继承遗产的规定，这也可以为子女早逝的老人提供一条新的养老选择，而且这也符合我国的传统美德。

以案说法

1. 丧偶的儿媳改嫁后是否仍负有赡养前夫母亲的义务?

【案情简介】

许紫（以下为化名）的小儿子郝振在两年前的一场车祸中丧生，郝振的妻子温梅珍在郝振去世一年后也随即改嫁给汪金。在郝振去世之前，温梅珍、郝振与母亲许紫住在一起，生活了6年，并育有一子，儿子正在上幼儿园。郝振去世后，他的儿子与温梅珍一起回娘家居住，而后随温梅珍的改嫁就到了汪金家中。

许紫现在年老体弱，虽然还有另外一个儿子郝继，但郝继从小精神有些异常，不仅没有办法赡养自己，还得许紫照顾。原来郝振在的时候生活还算不错，但现在郝振已去世，许紫没了生活来源，也丧失了劳动能力，因此只能提出由温梅珍来赡养自己。但汪金不同意，汪金表示，温梅珍现在是自己的妻子，要抚养也是抚养自己的母亲，温梅珍不再是许紫的儿媳，不应该再负担对许紫的赡养义务。于是许紫便向法院提起了诉讼，请求温梅珍赡养自己，不知道这个请求能不能得到法院的支持？

案例评析

本案的主要问题很简单，就是丧偶的温梅珍在改嫁给汪金之后是不是还应该赡养前夫的母亲。温梅珍在郝振去世后便与郝振解除了夫妻关系，也就是他们的婚姻关系因为郝振的死亡而消灭，随后，温梅珍又建立了新的婚姻关系，嫁给了汪金。我国法律没有明确规定儿媳在改嫁后还对原来的婆婆负有赡养义务，因此许紫要求温梅珍赡养自己的请求没有法律依据。

当然，如果温梅珍愿意赡养许紫的话，根据《中华人民共和国继承法》第十二条的规定，“丧偶儿媳对公、婆，丧偶女婿对岳父、岳母，尽了主要赡养义务的，作为第一顺序继承人。”温梅珍在许紫百年之后拥有继承权。

本案中，许紫的生活面临重大的困境，她可以寻求社会和国家的帮助。《中华人民共和国宪法》第四十五条规定：“中华人民共和国公民在年老、疾病或丧失劳动能力的情况下，有从国家和社会获得物质帮助的权利。国家发展为公民享受这些权利所需要的社会保险、社会救济和医疗卫生事业。”《中华人民共和国老年人权益保护法》第六条也规定："保障老年人合法权益是全社会的共同责任。国家机关、社会团体、企业事业组织应当按照各自职责，做好老年人权益保障工作。居民委员会、村民委员会和依法设立的老年人组织应当反映老年人的要求，维护老年人合法权益，为老年人服务。"除此之外，《中华人民共和国老年人权益保障法》在第二十三条还规定："城市的老年人，无劳动能力、无生活来源、无赡养人和扶养人的，或者其赡养人和扶养人确无赡养能力或者扶养能力的，由当地人民政府给予救济。农村的老年人无劳动能力、无生活来源、无赡养人和扶养人的，或者其赡养人和扶养人确无赡养能力或者扶养能力的，由农村集体经济组织负担保吃、保穿、保住、保医、保葬的五保供养，乡、民族乡、镇人民政府负责组织实施。"

【法律依据】《中华人民共和国继承法》第十二条，《中华人民共和国宪法》第四十五条，《中华人民共和国老年人权益保护法》第六条、第二十三条。

2. 丧偶的女婿未再娶妻，是否对原岳母负有义务赡养责任?

【案情简介】

刘灵是天津市人，他的妻子杨莹莹是北京人，1995 年刘灵大学毕业后便办理了结婚登记，并住在杨莹莹家里。杨莹莹的母亲罗惠只有杨莹莹这么一个女儿，杨莹莹的父亲由于癌症早在十年前就已去世，因此杨莹莹和刘灵一起在母亲家里住倒也相安无事，一家三口人相处的很融洽，但是月有阴晴圆缺，人有悲欢离合，1999 年 8 月，杨莹莹在上班的途中遭遇车祸，不幸去世。杨莹莹去世之后，罗惠作为刘灵的岳母仍然很体谅刘灵，依然让刘灵住在家里，刘灵也很感恩，一年多了也没有提再娶的事情，对罗惠依然恭敬如前。但是禁不住家里催，刘灵在 2001 年还是处了一个女朋友，并准备过几年就举行婚礼。这下罗惠有些着急了，虽然她理解女婿的做法，但心里还是结了不小的疙瘩，因为现在虽然女儿去世了，但女婿还住在家里，如果女婿又结婚了那就没有人来赡养自己了，何况自己现在年老体弱，已经没有了劳动能力，仅有的财产也就是这么一套三居室。于是罗惠便提出让刘灵每个月出200元作为赡养费用，从现在就开始支付。刘灵觉得这也不算不合理，但他还是希望知道他是不是有义务赡养原来的岳母罗惠呢？

案例评析

本案与丧偶的儿媳是不是还有义务赡养前夫的母亲类似，主要问题是还没有再婚的女婿是不是负有赡养原岳母的义务。根据我国现行法律的规定，丧偶的女婿并没有法定义务赡养原岳母，不管该丧偶的女婿是否已经再婚。但是根据《中华人民共和国继承法》第十二条的规定，“丧偶儿媳对公、婆，丧偶女婿对岳父、岳母，尽了主要赡养义务的，作为第一顺序继承人。”刘灵如果对罗惠尽了主要赡养义务，则对罗惠的房子具有继承权。

事实上，刘灵跟罗惠还可以有另外一种方式既保证罗惠能够得到赡养，又可以确保刘灵的合法权益，那就是双方可以签订遗赠抚养协议。根据《中华人民共和国继承法》第三十一条规定，公民可以与抚养人签订遗赠抚养协议。按照协议，抚养人承担该公民生养死葬的义务，享有受遗赠的权利。

【法律依据】《中华人民共和国继承法》第十二条，《中华人民共和国继承法》第三十一条。

三、隔代人赡养义务

核心提示

所谓隔代赡养，是指在某些特定情况下，孙子女、外孙子女对祖父母、外祖父母负担的赡养义务。

《中华人民共和国婚姻法》第二十八条规定“有负担能力的祖父母、外祖父母，对于父母已经死亡或父母无力抚养的未成年的孙子女、外孙子女，有抚养的义务。有负担能力的孙子女、外孙子女，对于子女已经死亡或子女无力赡养的祖父母、外祖父母，有赡养的义务。”

最高人民法院1984年9月8日《关于贯彻执行民事政策法律若干问题的意见》第二十四条也规定：“根据婚姻法第二十二条规定精神，有负担能力的祖父母、外祖父母，对于父母一方死亡、另一方确无能力抚养或父母丧失抚养能力的未成年的孙子女、外孙子女有抚养的义务。”

从我国法律的规定可以看出，孙子女、外孙子女在两种情况下需要对祖父母、外祖父母负担赡养义务：（1）祖父母、外祖父母的儿女都已死亡；（2）祖父母、外祖父母的子女没有赡养父母的能力。

以案说法

1. 老人的子女健在时，外孙女是否也负有赡养的义务？

【案情简介】

胡彩娥（以下为化名）是陕西龙文镇人，生有王琦英、王思忠、王桂兰，王桂好、王思秀、王思华、王敏华七个女儿，王桂兰是李花香的母亲，即李花香与胡彩娥是外祖母孙女关系。李花香两岁半时，母亲王桂兰因病去世，便一直跟着胡彩娥生活。李花香的父亲于李花香6岁时再婚了，但是每个月提供给胡彩娥200元作为李花香的生活费。胡彩娥的长女王琦英现在没有工作，她的丈夫因公死亡，靠其单位发给的每月360元的生活抚助费用维持生活。胡彩娥看着自己的女儿王琦英生活困难，丈夫死了，自己又没有文凭找不到什么工作，还得带孩子，心里很是怜爱，便让王琦英搬到自己家里，一起生活。1992年胡彩娥在一天夜里突然觉得肚子难受，拨打了120急救电话，经检查需要住院治疗，便由王思忠、王桂好、王思秀、王思华、王敏华预付了住院费2000元。当时王思忠、王桂好、王思秀、王思华、王敏华五人并没有都带钱，而是由王思忠先垫付，后来其他四人再凑钱还给王思忠的。胡彩娥在医院住了三天之后，因为没有交医疗费用，医院不再给胡彩娥治病，胡彩娥这才知道她的女儿们互相推托不愿意再给胡彩娥赡养费，也就不到医院里交医疗费用了。胡彩娥内心非常难受，自己辛辛苦苦把这么多个女儿养大成人，可她们却并不怎么疼爱自己的母亲，无奈之下，胡彩娥将王琦英、王思忠、王桂好、王思秀、王思华、王敏华六个女儿和外孙女李花香告上法庭，要求他们承担赡养自己、支付医药费的义务。外孙女李花香辩称根据婚姻法第二十八条第二款的规定，她只有在胡彩娥的子女都死亡后，才依法有赡养义务，李花香的抗辩有法律依据吗？她是不是也负有赡养外祖母的义务？

案例评析

本案的关键是外祖父母与外孙子女间的抚养与赡养的权利义务如何确定的问题。李花香在母亲去世后与外祖母胡彩娥生活在一起，由父亲每月供给生活费，直到李花香长大成人。这里就存在一个疑问，外祖母胡彩娥抚养了李花香，那么李花香是不是应该负有赡养胡彩娥的义务呢？最高人民法院1984年9月8日《关于贯彻执行民事政策法律若干问题的意见》第二十四条规定："根据婚姻法第二十八条规定精神，有负担能力的祖父母、外祖父母，对于父母一方死亡、另一方确无能力抚养或父母丧失抚养能力的未成年的孙子女、外孙子女有抚养的义务。"李花香母亲死亡后，胡彩娥以外祖母身份将李花香抚养长大成人，尽了抚养义务，符合上述法律解释。按权利义务相一致的原则，李花香应对胡彩娥尽赡养的义务。但是，李花香对胡彩娥应不应尽赡养义务，关键是最高人民法院《关于贯彻执行民事政策法律若干问题的意见》第二十五条有了严格的界定，即"子女已经死亡或子女确无力赡养"，"有负担能力的孙子女，外孙子女对祖父母、外祖父母有赡养的义务。"此条司法解释从反面说，不管祖父母、外祖父母对孙子女、外孙子女尽没尽抚养义务，只要其子女健在，并有能力赡养，孙子女、外孙子女都没有赡养的义务。《中华人民共和国婚姻法》第二十八条也规定，有负担能力的祖父母、外祖父母，对于父母已经死亡或父母无力抚养的未成年的孙子女、外孙子女，有抚养的义务。有负担能力的孙子女、外孙子女，对于子女已经死亡或子女无力赡养的祖父母、外祖父母，有赡养的义务。

因此，本案中李花香的抗辩是有理由的，但并不全对，并不是只有在胡彩娥的子女都死亡后才负有赡养义务，而是在胡彩娥的子女死亡或者无力赡养时，李花香就负有赡养义务。

【法律依据】《中华人民共和国婚姻法》第二十八条，最高人民法院《关于贯彻执行民事政策法律若干问题的意见》第二十四条。

2. 孙子是不是要赡养祖父?

【案情简介】

1990年夏天，何良的妻子在乘船出海时遇上台风遇难身亡，何良也因这次海难留下了很多后遗症，身体虚弱。何良和妻子当时有一些存款，单位在他二人这次事故后给了何良抚恤金两万元。何良家里有一个老父亲何家乐，还有一个不满10岁的儿子，再无其他亲戚。老父亲何家乐看着颓废的儿子心里很不是滋味，但也没有什么办法，只能自己承担起抚养孙子的责任。何良在几年之后，身体越来越不济，终于病倒，再也没有好起来，于1995年去世。何家乐面对儿子的去世，身心疲惫，但当着孙子的面，何家乐老人仍然坚强地说，你爸爸妈妈的遗产我都不要，全部都归你，你要好好做人，以后出人头地。何家乐将儿子的所有遗产以孙子的名义存在了信用社。从此之后，何家乐省吃俭用，将孙子带大成人，并帮助孙子成家立业。两个人的生活虽然艰辛，但终究是熬出来了。然而，由于长年的积劳成疾和失去儿子、儿媳的双重打击，让坚强的何家乐病倒了，生活也更加困难起来。但何家乐为了孙子的家庭幸福，并没有向孙子要钱，而是多次上街捡破烂。然而捡破烂卖的钱终究无法支付自己的医药费，何家乐跟孙子提出要孙子赡养自己，支付自己的医药费。但是在孙媳妇的挑拨之下，孙子居然说自己从法律上只有赡养父母的义务，而没有赡养祖父的义务。面对如此绝情的孙子，何家乐向法院提起了诉讼，要求孙子归还自己在1995年放弃继承的遗产，并承担赡养自己的责任。何家乐老人的要求能得到法院的支持吗？

案例评析

本案有两个问题，其一是何家乐老人放弃的遗产是否能够要回；其二是何家乐的孙子是否负有赡养祖父的义务。1995年何良去世时，何家乐老人放弃了继承儿子的遗产的权利，这是有法律效力的行为，不能再要求孙子返还那部分遗产。而在孙子是否要负赡养自己的问题上，何家乐老人是正确的，根据《中华人民共和国婚姻法》第二十八条的规定，“有负担能力的祖父母、外祖父母，对于父母已经死亡或父母无力抚养的未成年的孙子女、外孙子女，有抚养的义务。有负担能力的孙子女、外孙子女，对于子女已经死亡或子女无力赡养的祖父母、外祖父母，有赡养的义务。”最高人民法院《关于贯彻执行民事政策法律若干问题的意见》第二十四条也规定：“根据婚姻法第二十二条规定精神，有负担能力的祖父母、外祖父母，对于父母一方死亡、另一方确无能力抚养或父母丧失抚养能力的未成年的孙子女、外孙子女有抚养的义务。”因此，何家乐老人的孙子负有赡养祖父的义务。

【法律依据】《中华人民共和国婚姻法》第二十八条，最高人民法院《关于贯彻执行民事政策法律若干问题的意见》第二十四条。

四、对患精神病老人的监护

核心提示

我国的监护制度仅限于对未成年人和精神病人的监护，对精神病老人的监护类似于对未成年人的监护。所谓监护是指依法对无行为能力人和限制行为能力人的人身、财产及其他合法权益进行监督和保护的法律制度。对无民事行为能力人或限制民事行为能力人的人身与财产及其他合法权益履行监督和保护职责的人是监护人；被监督、被保护的人是被监护人。

监护主要有三个特征：1. 监护是一种法定义务；2. 监护人必须有监护能力；3. 监护主体与内容具有特定性。监护人对被监护人进行监督、保护的责任来自法律直接规定。

监护的种类包括：1. 法定监护；2. 指定监护；3. 遗嘱监护；4. 委托监护。

监护的职责主要有：1. 保护被监护人的身体健康、照顾被监护人的生活；2. 管理和保护被监护人的财产；3. 担任被监护人的代理人，代理被监护人进行民事活动；4. 管理和教育被监护人；5. 承担被监护人致人侵害的民事责任。

以案说法

1. 谁可以作为精神病老人的监护人？

【案情简介】

恭霞凤（以下为化名）老人曾经拥有一个幸福的家庭，大儿子赵操在县城开服装店，小儿子赵澳在一家私营企业里打工，女儿赵斯也嫁了一个好人家。1992年，一场突如其来的事故发生在恭霞凤老人家。大儿子、小儿子还有女儿以及其他一些朋友一起出去旅游，没想到乘坐的客车翻入山崖，全部身亡。恭霞凤老人难以承受这样的打击，患上了重型精神病，成了孤寡老人的她又成了精神病人。恭霞凤老人的大儿子赵操有一个很好的朋友，也是开服装店的，他希望能够赡养恭霞凤老人，也算是对已去世的朋友赵操的一个心意。希望能够监护恭霞凤老人的还有她的外孙女孙志英，小时候孙志英一直待在姥姥恭霞凤家里，备受恭霞凤老人的照顾，孙志英对姥姥的关爱也非常感激，因此提出做恭霞凤老人的监护人的请求。法律会允许谁作为恭霞凤老人的监护人呢？

案例评析

我国现行的监护制度仅限于对未成年人和精神病人的监护。根据《民法通则》第二章第二节对成年人监护作出的原则性规定，成年人监护的对象是无民事行为能力或限制行为能力的精神病人。结合《民法通则》及其司法解释对民事行为能力的规定，无民事行为能力的精神病人是指不能辨认自己行为的精神病人，适用于精神病人没有判断能力和自我保护能力、不知其行为后果的情形；限制行为能力的精神病人是指不能完全辨认自己行为的精神病人，适用于精神病人对于比较复杂或者比较重大的行为缺乏判断能力和自我保护能力，并且不能预见其行为后果的情形。《民法通则》第十七条规定："无民事行为能力或者限制民事行为能力的精神病人，由下列人员担任监护人：（一）配偶；（二）父母；（三）成年子女；（四）其他近亲属；（五）关系密切的其他亲属、朋友愿意承担监护责任，经精神病人的所在单位或者住所地的居民委员会、村民委员会同意的。对担任监护人有争议的，由精神病人的所在单位或者住所地的居民委员会、村民委员会在近亲属中指定。对指定不服提起诉讼的，由人民法院裁决。没有第一款规定的监护人的，由精神病人的所在单位或者住所地的居民委员会、村民委员会或者民政部门担任监护人。"最高人民法院《关于贯彻执行〈中华人民共和国民法通则〉若干问题的意见》第十二条规定，民法通则中规定的近亲属包括配偶、父母、子女、兄弟姐妹、祖父母、外祖父母、孙子女、外孙子女。最高人民法院《关于贯彻执行〈中华人民共和国民法通则〉若干问题的意见》第十四条规定，人民法院指定监护人时，可以将民法通则第十六条第二款中的（一）、（二）、（三）项或第十七条第一款中的（一）、（二）、（三）、（四）、（五）项规定视为指定监护人的顺序。前一顺序由监护资格的人无监护能力或者对被监护人明显不利的，人民法院可以根据对被监护人有利的原则，从后一顺序由监护资格的人中择优确定。被监护人有识别能力的，应视情况征求被监护人的意见。为了更好地维护被监护人的人身及财产方面的合法权益，法律对监护人的资格作出了严格的规定。监护人的资格是指监护人具有胜任监护工作与职责的能力。最高人民法院《关于贯彻 <中华人民共和国民法通则 >若干问题的意见（试行)》第十一条规定，认定监护人的监护能力，应根据监护人的身体状况、经济条件以及与被监护人在生活上的联系等因素确定。一般认为，下列人员不能作为监护人：（一）无民事行为能力人或限制民事行为能力人；（二）身患疾病或经济能力不足；（三）被判徒刑、有不良嗜好；（四）具有明显不利于被监护人身心健康情形的。

本案中，恭霞凤老人虽不是未成年人，但由于精神遭受打击，已经丧失了完全辨认自己行为、预见自己行为后果的能力，符合法律规定的对精神病人监护的情形。依照《民法通则》第十七条的规定，由于恭霞凤老人没有配偶、父母和成年子女，那么外孙女孙志英可以和赵操的好朋友协商由谁担任恭霞凤老人的监护人，最高人民法院《关于贯彻执行〈中华人民共和国民法通则〉若干问题的意见》第十五条规定，有监护资格的人之间协议确定监护人的，应当由协议确定的监护人对被监护人承担监护责任。如果他们协商不成的话，则由人民法院进行指定，根据最高人民法院《关于贯彻执行〈中华人民共和国民法通则〉若干问题的意见》第十四条的规定，如果没有依据证明孙志英作为恭霞凤老人的监护人对恭霞凤老人不利的话，赵操的好朋友将不能作为恭霞凤老人的监护人。因此，本案恭霞凤老人的监护人可以是外孙女孙志英或者赵操的好朋友，但如果他们二人协商不成由法院指定的话，将由外孙女孙志英作为恭霞凤老人的监护人。

【法律依据】《民法通则》第十七条，最高人民法院《关于贯彻执行〈中华人民共和国民法通则〉若干问题的意见》第十四条、第十五条。

2. 精神病老人可以有两个以上的监护人吗?

【案情简介】

家住农村的于芳老人生有四个儿子，一个女儿，丈夫在12年前因病去世。于芳老人一人又当爹又当娘含辛茹苦将五个孩子拉扯大，皇天不负苦心人，于芳老人的孩子个个都有出息。大儿子张勤考上了大学，现在一家国企工作，二儿子张勉在省城一家电子机械厂上班，三儿子张奋开了一家五金店，四儿子张斗做乡村教师，女儿则在县城一所高中任教。可是不幸的是，由于生活的压力，积劳成疾，于芳老人得了脑血栓，并且患了老年痴呆症。孩子们这下可心疼了，他们商议着由谁作为老母亲的监护人，负责老母亲的生活起居，四个儿子和一个女儿都希望能作为于芳老人的监护人，但不知道法律上是怎么规定的?

案例评析

赡养父母是中国的传统美德，父母在年老时因为各种原因而不具有完全民事行为能力或者丧失了民事行为能力的，我国《民法通则》第十七条第一款规定:“无民事行为能力或者限制民事行为能力的精神病人，由下列人员担任监护人:（一）配偶;（二）父母;（三）成年子女;（四）其他近亲属;（五）关系密切的其他亲属、朋友愿意承担监护责任，经精神病人的所在单位或者住所地的居民委员会、村民委员会同意的。”这条规定主要是基于维护精神病人的切身利益，避免近亲属之间互相扯皮、互相推脱责任从而导致精神病人陷入生活困境所作出的法律规定。

本案中，于芳老人的五个子女都希望能够成为老母亲的监护人，担负起监护老母亲的责任，根据最高人民法院《关于贯彻执行〈中华人民共和国民法通则〉若干问题的意见》第十五条的规定，有监护资格的人之间协议确定监护人的，应当由协议确定的监护人对被监护人承担监护责任。于芳老人的五个子女可以通过协议来确定谁作为老母亲的监护人，当然，在现实生活中，如果死板的规定只能有一个人作为监护人的话，未免太苛刻了，因此最高人民法院《关于贯彻执行〈中华人民共和国民法通则〉若干问题的意见》第十四条第二款规定，监护人可以是一人，也可以是同一顺序中的数人。最高人民法院《关于贯彻执行〈中华人民共和国民法通则〉若干问题的意见》的规定是合理的，监护人如果是两人或两人以上，那就涉及到协调监护职责的问题，不同顺序的监护人人选可能比较难以协调，而同一顺序中的监护人人选相对来说比较容易相互沟通和协调。就本案来说，于芳老人的五个儿子虽然居所各异，但兄弟姐妹同心同德，协调相互之间对老母亲的监护职责比较容易，他们可以同时作为于芳老人的监护人。

【法律依据】《民法通则》第十七条，最高人民法院《关于贯彻执行〈中华人民共和国民法通则〉若干问题的意见》第十四条。

3. 精神病老人噎死于养老院，谁来承担责任？

【案情简介】

郭强（为化名）是郭明福的儿子，今年45岁，是北京一家外企的部门经理，平时工作比较忙，也没有多少时间来照顾自己的老父亲，而父亲郭明福又患有老年痴呆症，于是郭强于2001年将老父亲送入北京一家养老院，由养老院负责照顾老父亲郭明福。郭强也基本上两三个月去养老院看一次父亲郭明福。今年5月，老父亲郭明福在吃早饭时不慎噎食，经抢救无效死亡。郭强于是以养老院监护失职为由将养老院告上法庭，要求赔偿死亡赔偿金、精神损失费等10万余元。养老院觉得冤枉。他们称，郭老先生曾患有脑血栓后遗症，在送到养老院前就存在吃饭呛、喝水呛、咽唾沫呛的症状。为此，养老院特意安排了有护理经验的人员监护。老人呛水、噎食后，护理员建议老人儿子郭强带老人到医院治疗，但郭强并没有做。事发时，护理员采用了“噎食急救法”抢救，但因王老先生自身病情严重，仍抢救无效死亡。那么，到底谁应该对郭福明老人的死负责呢？

案例评析

本案的关键在于郭强将老父亲送入养老院时，他对老父亲的监护责任是否也转移至养老院，如果是，那么养老院是否尽到了监护的职责。根据最高人民法院《关于贯彻执行〈中华人民共和国民法通则〉若干问题的意见》第二十二条的规定，监护人可以将监护职责部分或者全部地委托给他人。本案中郭强由于工作繁忙的原因，将老父亲郭福明送进养老院事实上就把监护自己父亲的部分责任转移给了养老院。法院在审理本案时，认为养老院没有按照《养老服务机构服务质量标准》的相关规定为王老先生配备医师提供医疗保健及建立健康档案等服务，在护理管理上存在一定过错，应当承担相应责任。也就是说养老院在履行监护职责时存在过错，因此养老院需要承担因此而产生的责任。

【法律依据】《养老服务机构服务质量标准》，最高人民法院《关于贯彻执行〈中华人民共和国民法通则〉若干问题的意见》第二十二条。

4. 儿子对精神病父亲的监护权为何丧失?

【案情简介】

1996年，山西省明镇的煤矿发生事故，刘建（以下为化名）老人的大儿子刘志明不幸被困矿山，窒息身亡。刘建的二儿子刘志德听到这个消息后赶到煤矿，接受了煤矿领导对这次事故的处理决定：一、刘志明在煤矿工作的工资全部结算清楚，2100元现金交给刘志德；二、煤矿一次性给刘志明的家属补偿三万元；三、刘志明的家属与煤矿再无其他纠葛。刘志德拿着事故处理决定书和补偿款三万多元回了家，并不敢把这个消息告诉老父亲刘建。刘建是在42岁的时候才有了刘志明这个儿子，之后第二年又生了刘志德，另外还有一个大女儿刘玲。但妻子李小小在两个儿子不满10岁的时候就去世了，刘建既当爹又当妈的把两个儿子拉扯大。但刘建还是知道了刘志明遭遇矿难的事情，由于悲苦难当，精神几近崩溃，便有些疯癫了。刘志德看着老父亲，心里十分难受，发誓要好好照顾自己的父亲，不让他再受苦受累。于是，刘志德请来了村里的干部和一些亲戚，在刘志明的遗像前立下了一份协议书，协议书上写明刘志明将所得的三万多元的补偿款分成两份，一部分为父亲买养老保险，另外一部分存到信用社，以备老父亲生活之需。刘志德和刘玲以及村干部都在协议上签了字，并各持一份协议。过了不久，刘志德决定去广东打工，多赚些钱养老父亲，也为自己以后打算，便将老父亲寄在邻居小王家，由小王照料。刘志德在到了广东之后，在一家电子产品公司做销售，由于人比较诚恳，又积极，刘志德的业绩很不错，公司总经理的侄女也看上了刘志明，两人遂坠入爱河。在灯红酒绿的城市里，刘志德忘记了曾经的信誓旦旦，忘记了老父亲在家的艰辛，一年到头都不回家里看望老父亲，还把存在信用社给父亲养老的钱也取出来给自己买车，这样就没有给照顾老父亲的小王继续汇款，小王就不乐意了，不想继续照顾刘建老人，于是，刘建的女儿刘玲便把老父亲接到婆家，自己照顾起老父亲。几年过去了，刘志德和公司总经理的侄女也结了婚，但公司经营出现了问题，总经理也因病去世，这时刘志德想起了在家的老父亲，心里不是滋味。知道老父亲刘建在姐姐家里，刘志德便找到了姐姐，提出由自己来照顾父亲，但遭到了姐姐刘玲的拒绝。刘志德便向法院提起了诉讼，希望自己对父亲的监护权得到确认。而姐姐刘玲则提出反诉，要求撤销刘志明对父亲的监护权，由自己监护老父亲。法院会支持谁的诉讼请求吗？

案例评析

本案的焦点在于刘志明对老父亲的监护权是否丧失，而刘玲是否能取得父亲的监护权。根据我国《民法通则》第十八条第一款和第二款规定：“监护人应当履行职责，保护被监护人的人身、财产及其他合法权益，除为被监护人的利益外，不得处理被监护人的财产。监护人依法履行监护的权利，受法律保护。”第十八条第三款规定：“监护人不履行监护职责或者侵害被监护人的合法权益的，应承担责任；给被监护人造成财产损失的，应当赔偿损失。”为了加强监护人的责任，《民法通则》第一百三十三条进一步规定：“无民事行为能力人、限制民事行为能力人造成他人损害的，由监护人承担民事责任。”最高人民法院《关于贯彻执行<中华人民共和国民法通则>若干问题的意见》第十条明确了监护人主要有以下五项监护职责：

（一）保护被监护人的身体健康、照顾被监护人的生活监护人主要是对未成年人或精神病患者行使这一职责。对未成年人人身方面的监护实为是亲权的延伸。因为对未成年人的人身方面的监护具有与亲权中的人身照顾权相同的内容。

（二）管理和保护被监护人的财产

除为被监护人的利益之外，监护人无权处分被监护人的财产。为此只有为了被监护人的利益，监护人才有权处分被监护人的财产。同时对被监护人的财产有妥善保管的义务。

（三）担任被监护人的代理人，代理被监护人进行民事活动

我国《民法通则》第十四条规定："无民事行为能力人、限制民事行为人的监护人是他的法定代理人。"被监护人可以依法进行与其年龄、智力、精神健康状况相适应的民事活动。当被监护人的人身及财产或其他合法权益受到侵害时，监护人有权代理被监护人请求法院给予法律保护，并代被监护人参加诉讼活动。应注意离婚过程中配偶不得作为法定代理人或法定监护人，应由下一顺序的法定监护人作为法定代理人，否则很易侵犯精神病人在离婚方面的合法权益。这不意味着不允许精神病人的配偶提出离婚。恰恰相反，是为了更合法地维护双方的合法权益。

（四）管理和教育被监护人

监护人要对被监护人进行管理与教育，促使被监护人在德、智、体全面发展。

（五）承担被监护人致人侵害的民事责任

本案中刘志明擅自将用来给老父亲作为生活费用的钱买了车，对老父亲不闻不问，没有尽到监护人的职责，根据《民法通则》第十八条第三款规定，在发生监护人不履行监护职责或侵害被监护人合法权益的情况下，人民法院可以根据有关人员或者有关单位的申请，撤销监护人的资格。如果人民法院依法撤销原监护人的资格，应当为被监护人另行指定监护人。刘建的女儿则事实上成为了监护人。

因此，法院判决刘志明对老父亲的监护权丧失，刘玲取得对父亲监护权。

【法律依据】《民法通则》第十八条、第一百三十三条，最高人民法院《关于贯彻执行<中华人民共和国民法通则>若干问题的意见》第十条。

契约养老篇

一、养老院

核心提示

在当今中国，随着家庭结构的变化，“四二一”的家庭模式（所谓“四二一”的家庭模式其家庭成员为四个老人、一对夫妇和一个孩子）已经逐渐了取代多子女的家庭模式。现在的70后、80后一代，多数是独生子女，他们组成家庭后，通常要赡养四位老人，这无论在经济上还是精力上都给独生子女们造成了难以想象的压力。因此，有许多老年人为了减轻子女的负担，而选择了在养老院养老，安度晚年。那么，老年朋友们在选择养老院养老时，应注意哪些法律问题呢？养老院和老年人之间的法律关系如何？如果老年朋友们在养老院人身因意外受到了伤害，应该由谁承担责任呢？本部分将对诸如此类问题予以说明。

以案说法

1. 如何签订养老院入住协议？

【案情简介】

杨阿姨家住在长春市朝阳区清华路，老伴前年得了场大病去世了，她有一儿一女，儿女们工作都很忙，没时间照顾她。杨阿姨为了减轻儿女的负担，就找了家养老院，想在养老院里安度晚年。养老院要求杨阿姨与院方签订入住协议，杨阿姨一时没了主意，因为她并不知道怎样签入住协议？请问：老人进养老院养老时，应如何签订养老院入住协议？

案例评析

老年朋友们入住养老院时，最重要的就是与养老院签订协议，以此约定双方的权利和义务。在现实生活中，有许多养老院只要交了钱就可以入住，而无须签订任何形式的协议，这种做法看似方便、省事，但是一旦发生纠纷，院方会以双方之间没有任何协议约束来推卸责任，因此这种做法其实并不利于老年人的合法权益的保护。老年朋友们在入住养老院时，为了自己长远利益，最好与院方签订入住协议或其他类似协议（如养老院服务协议等）。

老年朋友们在签订协议时应注意以下几点：（一）协议应采取书面形式签订。入住协议一定要采取书面形式，口头约定的方式是不可取的，一旦出现纠纷，口头约定对双方都不具有约束力。（二）要认清协议条款。由于协议的范本是由养老院提供的格式合同，养老院常常在协议中通过某些“霸王条款”来规避责任，因此，老年朋友们在签订入住协议时，一定要仔细阅读协议的条款，以维护自己的合法权益。（三）要认真签订协议。我国很多地区的地方性法规、规章规定养老机构必须统一使用由民政局规定的合同样本，改变了以往养老机构根据自身需要起草对己方有利协议的局面，所以，入住养老院时，老人或家属不仅要签订书面协议，更要认清养老院使用的协议是否是当地民政机关规定的统一文本。如果老人或家属事先并不清楚，可以向当地民政部门查询，如果院方提供的并非统一文本，可向当地民政部门举报。（四）签订协议时，双方还应对养护细节等进行约定。这包括确认护理等级及标准，对于自理型、半自理型及无法自理型的老人，院方提供的是否是不同的服务等。其次，双方还应详细约定服务项目，包括老人的饮食、起居，是否需要定期喂药，是否需要24小时专人陪护等。详细约定才能保证老人得到恰当的服务，一旦出现纠纷，还可作为书面依据。

此外，笔者建议老人及家属在签订入住协议时还应写明老人身体健康状况、应交费用及交费义务人（老人家属、亲友）、对老人疾病的防治及费用负担、养老院的医疗健康保健服务、老人在养老院发生意外及养老院过错责任承担等内容，特别需注明老人出现疾病应及时与家属联系、老人死亡后事应如何处理等条款。这些内容既保障了老年人在养老院获得优质服务的权利，又约束了老年人及其家属应当履行交费的义务；既保护了养老院收取相关费用的权利，又约束了养老院必须履行提供优质服务的义务。这样做不仅对双方都有约束作用，而且日后一旦发生纠纷，也可以作为定分止争的依据和维护自己合法权益的凭证。

2. 老人从床上摔下致死，养老院是否应该赔偿？

【案情简介】

2005年12月15日，60多岁的张大爷因为行动不便，被子女送到北京市海淀区某养老院，双方签订了入院合同，约定张大爷入住养老院生活，养老院为其提供24小时普通巡回性服务，张大爷当天就住进了养老院。2006年2月3日是大年初六，张大爷从养老院宿舍的床上坠地。2月5日，张大爷的妻子和子女接到养老院的通知，前往养老院探望，发现张大爷精神状态不好。2月6日晚，张大爷出现呕吐、呼吸急促等症状，被养老院送至航天中心医院，初步诊断为多根肋骨骨折，胸腔积液。张大爷在航天中心医院住院治疗，抢救无效，于3月6日死亡，死亡原因为肺部感染引起呼吸功能衰竭，临床诊断为双肺感染左侧胸腔积液、双侧多根肋骨骨折等。

张大爷死后，其家属向北京市第一中级人民法院起诉，要求养老院赔偿其各项损失30万元。张大爷的家属认为，张大爷虽然行动不便，但入住养老院之前体检并没有发现大的毛病，此次坠床摔伤是养老院护理疏忽造成的，且事后没有及时通知家属，救治不及时造成老人死亡，因此请求法院判令养老院承担人身损害赔偿责任。在一中院审理期间，张大爷的家属要求对张大爷的骨折与其死亡之间是否存在因果关系进行司法鉴定。经双方同意，一中院指定中国政法大学法庭科学技术鉴定研究所对此进行了鉴定。鉴定报告认为张大爷左侧肋骨骨折与其死亡之间存在部分因果关系参与度理论系数值50%。

一中院认为，根据张大爷的病历，张大爷入住养老院前并没有左侧肋骨骨折，应认定该骨折系在养老院住院期间所致。双方签订的入住养老院合同中约定“养老院为其提供24小时普通巡回性服务”，因此，养老院应对张大爷负有相应的安全义务，双方虽然没有对义务标准作具体的约定，但在最低程度之上，至少应当保证张大爷在正常情况下无严重意外身体伤害以及伤害后及时得到救助。现其未能保证张大爷的基本安全，导致张大爷的身体受到伤害，且该损害加剧了张大爷的肺炎。根据鉴定意见，该损害与其死亡存在因果关系。因此法院确定养老院侵犯了张大爷的生命健康权，应当就此承担相应的人身损害赔偿责任。法院根据鉴定意见确定养老院对于张大爷的死亡承担50%的赔偿责任。最终，一中院终审判令养老院赔偿张大爷家属医疗费、住院伙食补助费、死亡赔偿金、丧葬费、精神损害抚慰金等共计142898元。

案例评析

本案所反映的主要问题是养老院对入住的老人负有安全保障义务，违反该义务就应承担相应的赔偿责任。所谓安全保障义务是指经营者或其他社会活动组织者在经营场所或其所控制的场所内对消费者、潜在的消费者或者其他进入场所的人之人身、财产安全依法承担的保障其安全的义务。这是一种法律在综合考虑了在调整商业活动的秩序中设立这种义务的社会经济价值及道德需要后依据诚信及公平原则确立的法定义务。

安全保障义务的义务来源主要有以下三方面：（一）法律直接规定。法律直接规定安全保障义务，是最直接的安全保障义务的来源。如《消费者权益保护法》第七条规定："消费者在购买、使用商品和接受服务时享有人身、财产安全不受损害的权利。消费者有权要求经营者提供的商品和服务，符合保障人身、财产安全的要求。"第十八条规定："经营者应当保证其提供的商品或者服务符合保障人身、财产安全的要求。在其他规定保障义务的法律中，也都属于这种性质的安全保护义务。"（二）合同约定的主义务。如果当事人约定的合同义务中规定，合同的一方当事人对另一方当事人负有安全保障义务的，合同当事人应当承担安全保障义务。如老年朋友们在与养老院签订入住协议或其他类似协议时，就可以与其约定由养老院对老人在院期间的安全负保障义务。（三）法定的或者约定的合同附随义务。按照诚信原则，一方当事人应该对另一方当事人提供安全保障义务，该方当事人也应该负有安全保障义务。例如，餐饮业、旅馆业向顾客提供服务，按照诚信原则的解释，应当保障接受服务的客人人身安全。

在本案中，养老院和张大爷之间实际上是一种服务合同关系。双方在合同中约定，由养老院为张大爷提供24小时普通巡回性服务，这一条款是合同约定的义务，可视为养老院的安全保障义务的来源。2003年最高人民法院出台的《关于审理人身损害赔偿案件适用法律若干问题的解释》第六条规定："从事住宿、餐饮、娱乐等经营活动或者其他社会活动的自然人、法人、其他组织，未尽合理限度范围内的安全保障义务致使他人遭受人身损害，赔偿权利人请求其承担相应赔偿责任的，人民法院应予支持；因第三人侵权导致损害结果发生的，由实施侵权行为的第三人承担赔偿责任。安全保障义务人有过错的，应当在其能够防止或者制止损害的范围内承担相应的补充赔偿责任。安全保障义务人承担责任后，可以向第三人追偿。赔偿权利人起诉安全保障义务人的，应当将第三人作为共同被告，但第三人不能确定的除外。"这是司法解释对于安全保障义务的规定，根据该规定，只要负有安全保障义务的自然人、法人或其他组织违反了安全保障义务，使被保护人遭受了人身损害或财产损害，那么该自然人、法人或组织就应该承担侵权损害赔偿责任。

本案中，养老院基于合同约定对张大爷负有安全保障义务，而其在张大爷出事后并未履行及时救助的义务，使张大爷的人身受到了损害，因此根据最高人民法院出台的《关于审理人身损害赔偿案件适用法律若干问题的解释》的相关规定，养老院应当承担损害赔偿责任，法院的做法是正确的。

【法律依据】最高人民法院《关于审理人身损害赔偿案件适用法律若干问题的解释》第六条。

二、以房养老（倒按揭）——新养老模式的探索

◈ 核心提示

民间曾流传这样一则笑话：一位中国老太太和一位美国老太太在天堂里相遇，中国老太太感慨地说：“我终于在临终的前一天，攒够了买房子的钱！”而美国老太太则说：“我在临终前一天，终于还清了贷款买房子的钱，但我在房子里已经住了50年。”

如今，中国老太太觉得自己已经可以跟美国老太太交流同样的心得了，但是没想到，人家美国老太太又出新招：“临终前，我还去中国爬了趟长城，去法国吃了顿大餐、到韩国做了把整容……都是银行给‘报销’的。我那50年房龄的老房子也没啥用了，就抵给银行了。”

这是美国老太太第二次“登陆”中国：上次她带来了国人尚不知晓的超前消费观念——分期付款，而这次携带着“以房养老”的模式，开始冲击国人千年“养儿防老”的传统。

2006年3月，南京汤山“温泉留园”项目在我国国内第一个推出倒按揭性质的“以房换养”举措，他们的方案是拥有南京市60平方米以上产权房、年龄在60岁以上的孤残老人，可以自愿将其房产抵押；经公证后入住老年公寓，终身免缴一切费用；房

屋产权在老人谢世后归养老院所有。

2006年，全国两会期间，全国政协委员、建设部科学技术司司长赖明提出了“60岁前人养房，60岁后房养人”的“以房养老”模式，并建议对此成立课题组进行调研，选择大城市做试点，等到运作成熟后向全国推广。

2007年5月，上海公积金管理中心推出首户“以房自助养老”试点。初定做法是：65岁以上的老年人，可以将自己的产权房与市公积金管理中心进行房屋买卖交易，交易完成后，老人可一次性收取房款，房屋将由公积金管理中心再返租给老人，租期由双方约定，租金与市场价等同，老人可按租期年限将租金一次性付与公积金管理中心，其他费用均由公积金管理中心交付。

2007年10月，我国首个主营“以房养老”的保险公司“幸福人寿”已通过相关部门的审批，将正式在北京挂牌营业。

可见，“以房养老”作为一种流行于欧美养老方式，正在中国悄然的萌芽、发展，成为国人可以选择的新养老模式。但是老年朋友们对这一新兴的养老模式并不熟悉，究竟什么叫以房养老（倒按揭）呢？其涉及哪些法律法规呢？本部分将对有关以房养老的问题加以详细说明。

以案说法

1. 什么是倒按揭?

【案情简介】

张大爷和王阿姨都已经年过80岁了，是家住上海市普陀区的一对老年夫妇，2007年，两位老人听说上海市公积金管理中心推出了“以房自助养老”，两位老人想尝试一下，于是找到了上海市公积金管理中心，后双方达成协议，约定二老将其所有的一套二居室的房产卖给公积金中心，公积金中心将40多万元房款一次性交付给两位老人，同时再将房屋返租给他们，并与其签订7年租赁年限。老人须将7年租金一次性交付公积金中心，并且双方还约定，7年后老人如健在则租金全免，老人居住期不到7年的，剩余租金则退还给老人的遗产继承人。两位老人听人说，他们所采取的这种养老方式叫“倒按揭”，他们想知道究竟什么叫“倒按揭”？请问：什么是“倒按揭”？

案例评析

倒按揭也称“以房养老”或者“反向住房抵押贷款”，是近年来流行于欧美的一种养老模式，其具体是指房屋产权拥有者（主要是老年人），把自有产权的房子抵押给银行、保险公司等金融机构，后者在综合评估借款人年龄、生命期望值、房产现在价值以及预计房主去世时房产的价值等因素后，每月给房主一笔固定的钱，房主继续获得居住权，一直延续到房主去世；当房主去世后，其房产出售，所得用来偿还贷款本息，其升值部分亦归抵押权人所有。

除了倒按揭外，以房养老可采取的具体模式还有以下几种：售房养老，即老人出售住房产权，使用权则仍归由个人长期保留至死亡为止，售房款也由机构按月向老年人支付做养老金使用，老人死亡时将该住房的使用权最终交付购房机构；房产养老寿险，类似于反向抵押贷款，由寿险公司予以操作。还可以采取的简易方式有：房产置换如大房换小房，市区房换市郊房等，然后用差价房款养老；房产反置换，即小房换大房，市郊房换市区房等，用较为富裕的财力实现改换居住生活环境的设想；房产租换，即将自有住房的全部或部分用于出租，用租金款养老；售房入院，即房产出售后入住养老院，可免除晚年生活空虚生活不能自理的弊病；房款交寿险公司做终身年金保险，以保障终生的养老金使用等办法，都可以达到“以房养老”的目的。

2. 国外的老年人是如何通过倒按揭来养老的?

【案情简介】

欧阳阿姨家住在南京市钟鼓楼区，自己拥有一套住房，她想通过倒按揭的方式来养老，听隔壁从美国回来的张阿姨的女儿说，倒按揭这种养老模式在美国很流行，欧阳阿姨想了解一下，外国的老年人是如何通过倒按揭来养老的呢?

案例评析

倒按揭最早源于荷兰，发展最成熟的是美国和新加坡。美国有运作倒按揭20多年的经验，对美国倒按揭模式了解，有助于老年朋友们了解在未来中国的倒按揭运行中会碰到什么样的问题以及如何应对解决。

倒按揭是20世纪80年代中期美国新泽西州劳瑞山的一家银行创立的。其发放对象是62岁以上的老年人。

（1）倒按揭贷款发放形式。倒按揭贷款发放形式可分为有限期和无限期两类：有限期是以住房作抵押，借贷双方约定还贷日期，在借贷期间放贷者按期支付贷款给借款人，到期借款人既可出售住房，也可以其他资产还贷；无限期类则由放贷者定期向住户支付贷款，直到住户死亡或从住房中搬走为止，到时以出售住房收入作为还贷的唯一资金来源。有三种形式：①联邦住房管理局有保险的住房倒按揭贷款。这种贷款业务经美国国会认可，它保证倒按揭贷款的回收额会超过住房价值并负责贷款意外受损时的赔偿。这种贷款机动灵活，可供用户选择方式很多。用户尽可能长时间生活在自己住房内，并在一定期限内按月分期获得贷款。其特点是不需借款人到期还款，只是贷款到期停发，直至住户搬迁或死亡后才收回抵押住房还贷，其间利息照常计算并累加，方式由用户选择。条件是住户获取贷款前要预先在有关机构作资格认可。②联邦住房管理局无保险的倒按揭贷款。这种贷款有固定期限，用户须在约定期限内还贷。在获得贷款前，老年住户须在有关金融机构协助下作出长期资金运作计划，并做出搬移住房及还贷计划。因为这种贷款名额有限，贷款人在有关机构协助下才能获得政府资助，并以有一定收入对象为入选资格。③放贷者有保险的倒按揭贷款。这种贷款由金融机构办理有关保险，贷款对象资格不需政府认可，发放贷款的机构与住户共同享有住房未来增值的收益，并要求住户至少保留住房资产25%～30%作为偿还贷款的保证，这样虽然减少了可抵押贷款额度，但有利于住房继承者对住房增值部分的受益。

倒按揭贷款的发放数额与下列因素有关：住房资产高则可贷款数额高；年纪大的住户贷款数额高，这是由于其预期寿命短，意味着还贷周期短；夫妻健在住户比单身者可贷款数额低，因其组合预期寿命大于单身者；预期住房价值增值高可贷款数额高。

（2）倒按揭贷款尽管以住户资产作抵押，贷款回收有一定保证，但面对无限制周期贷款，抵押资产的变化，利率的不稳定，预付款的风险及房屋的维修不当等方面的影响，存在着一定的市场风险。只有在保险业的介入下，分散贷款回收风险，这种新型的房地产融资方式才能稳步发展，受到金融机构及老年住户的欢迎。

（3）发放原则。通常，银行每月付给房主的贷款额取决的因素有：借款人年龄（通常62岁或以上）；生命期望值；房产现在价值；预计房主去世时房产的价值；房主希望放弃的房子产权份额。倒按揭贷款的收入比一般按揭贷款收入稍高一点。实际上，倒按揭贷款有一种赌博的性质，就是说，在房主比预期的寿命活得长，或房产并不像预计的那样升值的情况下，实际回收的贷款利息就会低于预期，甚至连本金都收不回来；相反，银行则将得到额外收入。银行在房子卖掉以后除了得到本金和利息，还将得到房产升值属银行产权的应得部分。借款人对待倒按揭贷款也得慎重行事，假若中途毁约、提前出售房产的话，将受到比其他贷款都要重的处罚，房主不但要付清已借贷款的全部利息，而且还要被罚款，在房产的产权全是银行的情况下，贷款期内房产升值的全部金额将都归银行所有。另外，房主最好以保留一部分房产权为宜，这样还可在应付突然的医疗费用支出等时另外借钱。

与美国不同，新加坡所采取的倒按揭模式是60岁以上的老年人把房子抵押给有政府背景的公益性机构，由公益性机构一次性或分期支付养老金。老人去世时产权由这些机构处置，“剩余价值”（房价减去已支付的养老金总额）交给其继承人。

3. 在中国实行倒按揭可行吗?

【案情简介】

段大爷已经66岁了，家住在上海市浦东区，生活贫困，但段大爷有一套价值50万元的住房，很多人劝段大爷把房子卖了养老，但段大爷不想卖房子，但不卖房子又难以维持生计。段大爷听人说，如果有倒按揭（即反向抵押贷款）这么一项业务的话，按十年计算，则段大爷不仅可以继续住在自己的房子里，而且每月还可得到4000多元的保险金。所以段大爷想问，实行倒按揭在中国可行吗？

案例评析

中国老百姓中，有很多人都会遭遇到案例中段大爷的这种尴尬现状，称之为“房子富人，现金穷人”（也有人称之为“货币穷人，资产富人”）。在中国，买房子是大多数人人生奋斗的首要目标。结果往往是当一个人倾其一生的积蓄，真正拥有一套住房时，却成了空守房子的“穷人”。有人说房子和现金是一对不折不扣的冤家，而不巧的是，这两者却全都是养老三要素的成员（另一要素为医疗）。这对冤家使老年人难以抉择，房子不得不住，买房的钱又不得不花，然而明天的生活又该怎么办？倒按揭，这种新的养老模式就可以使你走出困境，使那些前半辈子给房子“当牛做马”的人，在后半辈子翻了身。在不影响居住的前提下，还可以用房子来“反哺”晚年生活。从倒按揭实施的效果来看，中国老百姓买房子的信心指数和生活安全感无疑会随着“倒按揭”的到来增加许多。因此，从倒按揭实施的社会效果来看，其在中国实施是可行的。

其次，从倒按揭实施的社会背景条件上看，其在中国实施也是可行的。欧美等已经实行倒按揭养老的国家，都是在社会已经进入老龄化的社会背景下，为了缓解社会压力、提高老年人的生活水平和生活质量时，实行倒按揭的。据统计，目前我国60岁及以上老年人口已经达到1.45亿，占全国总人口的11%。按照国际通行的“60岁以上为老年人，占人口比例达到10%以上即开始进入老龄时代”的标准，我国已正式进入老龄社会。据有关资料显示，至2050年，我国老年人口总量将超过4亿人，平均每10人中就有3位老人。而且在中国，随着家庭结构的变化，“四二一”的家庭模式将逐渐取代多子女的家庭模式。现在的70后、

80 后一代，多数是独生子女，在他们组成家庭后，通常要赡养四位老人，这无论在经济上还是精力上给独生子女们造成的压力都是难以想象的。房子是很多老人一生中最大宗的财产，“以房养老”这一保险方式无疑为缓解家庭和社会压力提供了一种解决方法。因此，我国已经具备了倒按揭实施的社会背景条件，其在中国是可行的。

最后，从法律层面上来讲，在我国实行倒按揭，在目前中国的法律框架下是允许的。2007 年 10 月 1 日起实施的《中华人民共和国物权法》第三十九条规定：“所有权人对自己的不动产或者动产，依法享有占有、使用、收益和处分的权利。”第四十条规定：“所有权人有权在自己的不动产或者动产上设立用益物权和担保物权。”根据这两条规定，老年人作为房屋产权人，有权决定如何处置自己的房屋。而且，根据我国《继承法》对于遗赠扶养协议的相关规定，老年人可以将自己的财产遗赠给对自己尽了扶养义务的人，例如一个孤寡老人，有一套房子，可以找个可信的个人或组织，与其签订协议，约定由该个人或组织承担老人生养死葬的义务，而等老人去世后，该房产就归该个人或组织所有，这在法律上是允许的。倒按揭中老人将自己的房产抵押给金融机构是对自己的房产的一种处分行为，这是老人所享有的权利，老人有能力也有资格这么做；从另一个角度看，倒按揭可以视为是老年人同金融机构之间的遗赠扶养关系，金融机构对老年人尽了扶养义务，老年人将房产遗赠给金融机构所有。

因此，在目前中国的法律框架下实行倒按揭是法律所允许的。

4. 租房养老和倒按揭养老有什么区别?

【案情简介】

李大爷，56 岁，家住山东省济南市，在 20 世纪 90 年代房改的时候，他陆续购入了4套中小户型的房子，因为房子买得早，现在已经还清了按揭。目前除了1套房子用以自住外，其他3套房子都用来出租。虽然这些房子已经不新，但是由于地段很好，也能租个不错的价格，每个月房租收入在六七千元。最近，他听说了倒按揭这种养老方式，李大爷就弄不明白了，像自己这样租房养老不是比倒按揭养老强多了吗，而且这租房养老和倒按揭养老有什么区别啊？

案例评析

租房养老是指老年人通过将其所有的房屋出租来收取租金，以获取的租金来养老的方式。倒按揭指房屋产权拥有者（主要是老年人），把自有产权的房子抵押给银行、保险公司等金融机构，后者在综合评估借款人年龄、生命期望值、房产现在价值以及预计房主去世时房产的价值等因素后，每月给房主一笔固定的钱，房主继续获得居住权，一直延续到房主去世；当房主去世后，其房产出售所得用来偿还贷款本息，其升值部分亦归抵押权人所有。

两者有如下几点区别：(1) 租房养老一般适用于老年人拥有两套以上房屋的所有权，而倒按揭只要老年人有一套房屋的所有权即可。(2) 租房养老，老年人丧失了对房屋的占有，通过转让房屋的使用权换取租金；而倒按揭老年人并未丧失对房屋的占有，只是死后将房屋的所有权转移给金融机构所有。(3) 租房养老期间，老年人可以自由处分自己的房产；而倒按揭期间，老年人不能自由处分歧房产。(4) 租房养老中，老年人死后，其房屋可以作为遗产由其子女等法定继承人继承；而在倒按揭中，老年人死后，基于其生前与金融机构的约定，房屋的所有权移转给金融机构所有，而不能作为遗产，由其法定继承人继承。

对于老年朋友们而言，选择租房养老还是倒按揭养老应考虑如下因素：（1）拥有住房的数量。如果只有一套住房，可以考虑选择倒按揭的方式，如果有两套以上住房则可以考虑选择倒按揭的方式。（2）征询子女的意见。中国传统的伦理观念中一直讲求“子承父业”，房产都是留给子孙后代的，为了家庭的和谐，老年人在做出决定前最好征询子女的意见。

5. 如果选择倒按揭养老，每月可以领取多少给付金？

【案情简介】

孤寡老人金老太家住在美丽的西子湖畔，有套两居室的住房，面积67平方米。金老太想选择倒按揭的方式养老，所以想知道，自己每月可以领多少给付金？请问：在倒按揭中，给付金是如何计算的？

案例评析

给付金的计算公式为：每月给付金额 =（房屋现值 - 房屋折损 - 房屋增值预期 - 保险公司预支贴现利息）/（预期寿命 - 投保时寿命）×12。举个例子，如张先生，62岁，住房面积196平方米，房屋八成新，位置优越。经评估房屋现价145万元。按我国男性人均寿命69.63岁计算，加上地区差异，投保人的寿命计算基数为10年。10年后房屋折损26万元，房屋与土地增值预计26万元，两者抵消。保险公司扣除预支贴现利息25%（按年息6%计算），按75%计算给付额为108.75万元。将预期给付额分摊到投保人的预期寿命中去，张先生每月可以得到近 1 万元。

也就是说，在计算倒按揭养老给付金金额时，要对房屋现值进行估价，并与投保人的寿命相联系。然后根据给付金的计算公式得出老人每月可领到的给付金数额。

6. 在倒按揭的交易过程中，涉及哪些法律？

【案情简介】

邱大爷家住在北京市朝阳区红庙，平时邱大爷爱研究法律，还参加了社区法律学习班，最近邱大爷看到报纸上关于倒按揭的相关报道，就一直琢磨在倒按揭的过程中，应该用什么法律来约束呢？邱大爷琢磨了好几天，也没琢磨出来。请问：在倒按揭的交易过程中，涉及哪些法律？

案例评析

我国国内首个主营倒按揭的保险公司“幸福人寿”已通过相关部门的审批，在 2007 年 10 月份挂牌营业，开始运作和施行倒按揭，其经营上的运作模式大体是这样，由经营寿险的保险公司和老年人士合作，将老年人所拥有所有权的房屋进行“倒按揭”交易，由保险公司每月支付养老金给拥有房屋所有权的老人，而老人则将其房屋作为交易标的物，履行一定的手续给保险公司，在老人身故后，老人的房屋则归保险公司所有。这个交易过程，可以用如下法律予以分析。

从民法的角度分析，老人将其拥有物权的房屋以法律形式和保险公司进行交易，保险公司给老人养老金的行为，可以把这种行为归结到民法上的“占有改定”的行为。占有改定法理上并不局限于动产，不动产也可占有改定，占有改定是指房屋出卖人在房屋交易后，有必要或者以合同约定的行为继续占有涉事的标的物即房屋，出卖人（老人）与买受人（保险公司）缔结由买受人间接取得占有的合同关系，而以这种占有改定和间接占有的合同关系，来代替现实交付的合同行为，而老人作为出卖人的占有改定，而保险公司作为买受人的间接占有，来从法律上完成这种交易行为。

从合同法的角度分析，在老人和保险公司之间，老人作为房屋的出卖人，而保险公司作为买人存在一个基本的合同法律关系，就是房屋买卖合同关系。老人和保险公司约定，将房屋卖给保险公司，并在这个房屋买卖合同中附加了一个最基本的条件，成为了一个附条件的房屋买卖合同，这个合同标的物——房屋交付将在老人身故后，而保险公司每个月向老人支付购房款作为合同“约因”，每个月以养老金的形式支付给老人养老。

从担保法和物权法的角度分析，这种“倒按揭”应当还存在一个抵押合同的法律关系，保险公司每个月要支付养老金给老人，而老人的房屋要在其身故后才能交付，这个期限一般较长，这就对保险公司产生了一种风险，房屋的转卖、赠予或其他处置风险均有可能发生，因此，保险公司为了合同保全，必须要对合同标的物房屋进行抵押登记，双方要另签订房屋的抵押合同，形成了一种法律上的“倒按揭”关系。

从继承法的角度分析，这种房屋“倒按揭”的交易行为，还可以把它纳入到遗赠扶养协议的范畴，保险公司每月向老人支付养老金供其养老，作为对扶养老人的贡献和义务，而老人的房屋作为对扶养人保险公司的回报条件，在老人身故后，房屋遗赠给保险公司。

目前，我国并没有专门关于倒按揭的法律法规，在倒按揭的交易过程中，可以通过合同法、物权法、担保法、继承法等法律法规来对其约束和调整。

三、遗赠抚养协议

核心提示

遗赠抚养协议是指公民与抚养人签订的由抚养人承担该公民的生养死葬的义务，而抚养人享有受遗赠的权利的合同。

与公民签订遗赠抚养协议的抚养人需是没有法定赡养义务的具有完全行为能力的人或者几次所有制组织。

遗赠抚养协议自签订之日起即具法律效力。但抚养人接受遗赠财物的权利只能在被抚养人死亡之后才能实现；抚养人无正当理由不履行抚养协议，致使协议解除的，抚养人不能享有受遗赠的权利，支付的供养费一般不予补偿；被抚养人无正当理由不履行遗赠协议，致使协议解除的，被抚养人则应偿还抚养人的供养费用；遗赠抚养是双方法律行为，协议一旦生效就不能单方撤销、变更。解除时，应通过原公证处办理变更或解除；抚养人不得虐待、歧视被抚养人；被抚养人对协议所涉及到的财产不能随意处分，否则将负赔偿责任。

以案说法

1. 母亲与女儿签订的遗赠抚养协议是否有效?

【案情简介】

吕老太是甘肃武威人，父母都是当地的工人，儿时受到的教育较为系统，生活也比较安逸，算得上是一个有文化的人。不过吕老太在结婚之后只育有两个女儿，没有儿子。1995 年 6 月，为了保证自己年老之后能够有人赡养，吕老太在自己看了一些法律方面的书籍之后，了解到可以通过遗赠抚养协议来解决自己生养死葬的问题，就跟两个女儿商量签订这样一份协议，一来有了协议女婿也不好推托；二来又能确保吕老太的房子能稳妥的让两个女儿继承。协议约定，吕老太的生养死葬由两个女儿负担，两个女儿要负责带吕老太去医院看病，两个女儿出嫁之后平时要经常回家看吕老太，并在吕老太没有劳动能力时每月每人提供 300 元作为赡养费用，而吕老太的住宅和祖传的几幅画在死后由两个女儿平均分配继承。1998 年和 2000 年，两个女儿先后出嫁，两个女婿虽然并不富裕，但家境还算宽裕。然而没有想到的是，就在 2003 年，小女婿由于生意亏本，就不愿意继续赡养吕老太，当吕老太拿出她和女儿签订的遗赠抚养协议作为依据要求小女婿赡养自己的时候，没想到女儿女婿竟然提出该赡养协议无效，拒绝为吕老太提供生活费用。于是，吕老太就向法院提起了诉讼。该女婿认为赡养协议无效是否有法律依据呢？如果协议无效，女儿就不用赡养吕老太了吗？

案例评析

本案涉及的问题是母亲与女儿签订的遗赠抚养协议是否有效，以及女儿对母亲的赡养义务是否会因为协议的无效而消灭。首先我们要了解什么是遗赠抚养协议，所谓遗赠抚养协议，是指公民与抚养人签订的约定由抚养人赡养公民，而公民在死后将自己的某些财产遗赠给抚养人的合同。另外，除了知道遗赠抚养协议是为何物之后，我们还应该知道遗赠抚养协议的一个特性，那就是签订遗赠抚养协议中的抚养人须无法定赡养义务。也就是说，负有法定赡养义务的一方不能作为抚养人签订遗赠抚养协议。显然，本案中女儿具有赡养吕老太的法定义务。所以女儿女婿主张的该遗赠抚养协议无效是有法律依据的。

但是遗赠抚养协议的无效并不意味着吕老太的女儿和女婿没有赡养吕老太的义务。我国是一个礼仪之邦，尊老爱幼是我国的传统美德，国家保障老人的合法权益，以实现老有所养的社会目的，法律也明确规定子女对父母负有不可推卸的赡养义务。《中华人民共和国婚姻法》第二十一条第一款规定，“父母对子女有抚养教育的义务；子女对父母有赡养扶助的义务。”《中华人民共和国婚姻法》第二十一条第三款也规定，“子女不履行赡养义务时，无劳动能力的或生活困难的父母，有要求子女付给赡养费的权利。”成年儿女对自己的母亲是有法定的赡养义务的，不需要通过协议自己约定，也不因其他协议的无效而消灭。

【法律依据】《中华人民共和国婚姻法》第二十一条。

2. 父母与他人签订遗赠抚养协议，子女是否还负有赡养义务?

【案情简介】

周裕（为化名）是周康金的独子，从小养尊处优，处处都受宠爱，学习也不好，还整天闹事。周康金对儿子的恶劣行为并不以为然，仍然对周裕不闻不问，直到周裕高中毕业，工作了，也成了家，周康金想管却已经为时已晚。成年后的周裕对父亲毫不客气，自己在外面赌钱输了就回家找周康金要，如果父亲不给就在家里骂爹骂娘，久而久之，甚至发展到辱骂扭打自己的父亲周康金的地步。周康金此时悔不该当初任由周裕为所欲为。1989 年 10 月，周裕喝完酒醉醺醺的又一次跟周康金要钱，并对周康金又拉又扯，在街口谩骂自己的父亲和祖宗。周康金气不打一处来，非常气愤，对这样一个不孝儿子感到悲哀，于是周康金在气头上对周裕说要断绝父子关系，从此不再来往。这次吵闹之后的一段时间，周裕还真的不来烦父亲周康金了，周康金也渐渐习惯了没有儿子在身边吵闹的环境，只是岁月不饶人，转眼间周康金也年过半百，想着自己以后还是得有人赡养自己，周康金便与邻居的一个年轻人明明签订了遗赠抚养协议，协议约定明明自协议签订之日起要经常来看望周康金，并在周康金 60 岁之后每月给付赡养费 300 元，周康金承诺在自己百年之后将位于市区的一套三居室遗赠给明明。又一晃 10 年过去了，明明由于股市的崩盘，输掉了几乎所有的家当，而周康金也年老多病，原来的积蓄渐渐不支，明明每月 300 块钱的赡养费已不足以满足周康金的生活支出，而明明又无法拿出更多的钱来赡养周康金。这时，周康金想起了自己的独生儿子周裕，希望周裕能够尽到赡养自己的责任，而周裕则表示父亲已经跟人签订遗赠抚养协议，而且说要断绝父子关系，自己不再负有赡养义务。周康金便向律师咨询，不知道周裕是不是还负有赡养自己的义务？

案例评析

父母子女关系有两种：一种是有血缘关系的直系血亲父母子女关系，另一种是没有血缘关系的拟制血亲的父母子女关系。对于没有血缘关系的拟制血亲的父母子女关系，可以依法解除，然而具有血缘关系的直系血亲父母子女关系，只能因依法送养子女或父母子女一方死亡的原因而终止。在通常情况下，其相互关系不允许解除的。《婚姻法》第三十六条规定“父母与子女间的关系，不因父母离婚而消除，离婚后，子女无论由父或母直接抚养，仍是父母双方的子女。”该条规定夫妻依法解除婚姻关系，亦不能消除其父母子女关系。本案中，周康金和周裕的父子关系是毋庸置疑的，虽然周康金对周裕说要断绝父子关系，但这只是气头上的话，也不具有法律效力，并不能解除其父子关系。周康金养育了周裕二十几年，对周裕关爱有加，甚至溺爱，而周裕虽然常常对父亲谩骂甚至扭打，但也不能否认周康金是自己的父亲。根据《中华人民共和国婚姻法》第二十一条的规定，“父母对子女有抚养教育的义务；子女对父母有赡养扶助的义务。”同时，“子女不履行赡养义务时，无劳动能力的或生活困难的父母，有要求子女付给赡养费的权利。”从法律的规定可以看出，子女对父母有着法定的赡养义务，不管子女贫穷还是富有，赡养父母的义务是一样的，不因其他原因而消灭子女对父母的赡养义务。

根据《中华人民共和国继承法》第十六条第三款的规定：“公民可以立遗嘱将个人财产赠给国家、集体或者法定继承人以外的人。”《中华人民共和国继承法》第三十一条第一款也规定：“公民可以与抚养人签订遗赠抚养协议。按照协议，抚养人承担该公民生养死葬的义务，享有受遗赠的权利。”因此周康金有权利与明明订立遗赠抚养协议，遗赠自己在市区的一套三居室，这是合乎法律规定，并不影响周裕对父亲周康金的赡养义务。所以周裕提出的因为父亲已经和他人订立遗赠抚养协议所以自己可以不负赡养的说法是错误的，不符合法律的规定。

【法律依据】《中华人民共和国婚姻法》第二十一条，《中华人民共和国继承法》第十六条、第三十一条。

3. 签订遗赠抚养协议之后，遗赠人是否可以反悔?

【案情简介】

1981年10月，乔永（为化名）离开父母孤身一人到广东打工，本以为在广东干上一年半载赚些钱回家盖房子，没想到这一闯就是十几年。由于通信不发达，乔永的父母联系不上乔永，有个什么事也没法通知乔永，甚至连家里的房子倒塌了、猪圈被水冲走了，乔永都不知道，乔永的父母对乔永的情况也是毫不了解，也不知道乔永在广东到底怎么样了。1993年，乔永的父母考虑到自己年岁渐高，而儿子乔永杳无音信，不知道何时才能回来，只知道他现在大概在东莞一个机械厂里做工。于是在村委会的主持下，乔永的父母跟村里憨厚的小力签订了遗赠抚养协议，约定小力负责乔永父母的生活起居以及生养死葬，乔永的父母在百年之后将种在山上的荔枝林还有现在的小破房子遗赠给小力，双方都签了字，并做了公证。从1993年到1997年间，小力不辞辛苦，外种地，内做饭，照顾着乔永的父母，这让乔永的父母也深感欣慰和放心。1998年3月，乔永从广东回到四川老家，看到父母都还很好，心里满是高兴，乔永的父母见到乔永也是惊喜万分，想着自己的儿子总算是回来了，以后也好有个依靠。乔永听说了小力的事之后对小力深表感谢，但希望能解除遗赠抚养协议，毕竟自己的父母还是要自己来赡养，否则自己就成不肖子孙了。乔永的父母也向小力表示是不是可以解除原来订立的遗赠抚养协议。憨厚的小力既表示理解，但又心有不甘，自己几年来的辛苦和劳累难道就这样白付出了，因为如果解除了协议，那么也就意味着原来约定的荔枝林和房屋就不再遗赠给他了。小力于是就希望乔永的父母再考虑一下，他认为既然遗赠抚养协议都已经签了，而且也经过公证，是不能说反悔就反悔，就解除了协议的。乔永的父母也很苦恼，不知道是不是可以解除协议，如果解除协议的话是不是要承担其他责任？

案例评析

本案的问题很明了，那就是已经签订的遗赠抚养协议在抚养人已经履行了一部分义务之后，遗赠人是否可以反悔而解除协议。遗赠抚养协议内容的实现具有一定的阶段性，在协议签订时，赡养义务就生效，但遗赠的内容得等遗赠人去世才能得到履行。因此，也才会出现如本案这样的问题。根据《最高人民法院关于贯彻执行〈中华人民共和国继承法〉若干问题的意见》第五十六条的规定，“抚养人或集体组织与公民订有遗赠抚养协议，抚养人或集体组织无正当理由不履行，致协议解除的，不能享有受遗赠的权利，其支付的供养费用一般不予补偿；遗赠人无正当理由不履行，致协议解除的，则应偿还抚养人或集体组织已支付的供养费用。”乔永的父母在签订遗赠抚养协议之后，接受了小力的赡养，小力已经开始履行自己的义务，并且尽职尽责，付出了不少心血。虽然现在乔永回来了，但这并不能构成解除遗赠抚养协议的正当理由，不是法律意义上的正当理由。因此，如果乔永及其父母执意要解除遗赠抚养协议的话，是乔永的父母不履行义务，而小力没有任何过错，那么，他们就有义务偿还小力已经付出的赡养费用，补偿小力的付出。当然，小力认为遗赠抚养协议已经经过公证不能解除是没有依据的，遗赠抚养协议是可以解除的，只不过乔永的父母要为解除协议承担一定的责任，即对小力的付出给以偿还。

【法律依据】最高人民法院关于贯彻执行〈中华人民共和国继承法〉若干问题的意见》第五十六条。

4. 遗赠抚养协议签订后受遗赠方未履行义务可否撤销原协议?

【案情简介】

李芬（为化名）老人住在明镇喜河村，今年76岁，岁月不饶人，李芬老人已基本上丧失了劳动能力。李芬老人没有儿子，只有一个女儿叫王美，今年45岁。李芬还有一个养子叫王富强，1991年王富强病逝。2000年，李芬的丈夫王胜也去世了。亲人的接连去世让李芬很受打击，但生活是残酷的，为了自己以后的生活着想，在经过一番思想斗争之后，李芬和同村的阿旺签订了遗赠抚养协议，协议约定阿旺每月给李芬200元的赡养费，李芬在百年之后将现有的房子遗赠给阿旺。该协议由村支书执笔，双方各自保存一份。2003年6月李芬老人向法院起诉，要求解除该协议，李芬老人向法院诉说，阿旺在签订遗赠抚养协议之后，不但不赡养她，竟因为李芬养的狗咬死了阿旺的一只小鸡而对李芬老人拳脚相加，为此李芬也花去了50多元钱的医药费。还有一次，李芬因为腿脚不灵便，希望阿旺帮忙去市场买点白菜做饭，阿旺却破口大骂李芬老人不知廉耻，说得十分难听，让李芬老人心里万分难受。而阿旺则称他已尽了赡养义务，李芬老人上次患病的时候，他凌晨两点背着李芬老人去镇上的医院看病；李芬老人养的狗经常到他家里偷吃东西，他并没有对狗怎么样；而且他也按照协议的约定每月给李芬老人送去200元的赡养费。总而言之，阿旺认为他尽了赡养义务，法院不应该解除遗赠抚养协议。那么李芬老人提出的解除遗赠抚养协议能不能得到法院支持呢？

案例评析

根据《中华人民共和国继承法》第三十一条第一款的规定：“公民可以与抚养人签订遗赠抚养协议。按照协议，抚养人承担该公民生养死葬的义务，享有受遗赠的权利。”李芬老人跟阿旺签订的遗赠抚养协议是有效的，也就是说本案的焦点在于李芬老人在阿旺履行了一定的赡养义务之后是否能要求解除该遗赠抚养协议。从李芬老人的诉说中我们可以看出，阿旺对遗赠抚养协议的履行是有问题的，没有完全履行自己的赡养义务，还对李芬老人拳脚相加，让李芬老人丧失了对他的信任，从而提出要解除遗赠抚养协议。根据《最高人民法院关于贯彻执行〈中华人民共和国继承法〉若干问题的意见》第五十六条的规定，“抚养人或集体组织与公民订有遗赠抚养协议，抚养人或集体组织无正当理由不履行，致协议解除的，不能享有受遗赠的权利，其支付的供养费用一般不予补偿；遗赠人无正当理由不履行，致协议解除的，则应偿还抚养人或集体组织已支付的供养费用。”本案中阿旺虽然每月都给李芬老人200元的赡养费，但事实上却并没有很好地履行其赡养义务，让李芬老人没有办法忍受，因此李芬老恩可以要求解除遗赠抚养协议，并且不需要补偿阿旺所支付的供养费用。当然，鉴于阿旺也履行了一定的赡养义务，李芬老人如果愿意，也可以给阿旺一些补偿，但这不是法律上的义务。

【法律依据】《中华人民共和国继承法》第三十一条，《最高人民法院关于贯彻执行〈中华人民共和国继承法〉若干问题的意见》第五十六条。

5. 遗赠抚养协议与遗赠同时存在时，应该以哪个为准？

【案情简介】

柯以凯（为化名）是江西省万县人，原有一子一女，但均已不幸死去。柯以凯小时候念过私塾，也算是个文化人。并且柯以凯比较懂得经商之道，在年轻时就积攒了不少家当，家资颇丰。只遗憾人到老年，却没有子嗣。看到邻居其他老人都是儿孙满堂的，柯以凯时常感慨人生无常，但也无可奈何。为了让自己老有所依，柯以凯老人曾经收养过一个男孩，可是后来那个男孩也不慎溺水身亡，柯以凯老人觉得自己还是跟人签个遗赠抚养协议以为自己养老送终吧。因此，经过再三考虑之后，柯以凯老人于2000年跟居委会订立了一份遗赠抚养协议。协议约定，由居委会负责柯以凯的生养死葬、日常生活，而柯以凯老人死后则将其所有的全部财产遗赠给村委会。在遗赠抚养协议签订之后，村委会经常有干部到柯以凯家里帮忙打扫卫生的，但即使如此，柯以凯的生活依然过的比较困难。柯以凯的邻居魏利看到柯以凯老人孤身一人，生活十分不便，便经常帮柯以凯老人做家务，买菜做饭也都是魏利经常到柯以凯家常做的事。柯以凯十分感激，为了表示对魏利的感谢，他在2002年立下了遗嘱，表明在其死后要将自己所居住的房子赠给魏利。柯以凯死后，魏利拿着柯以凯老人的遗嘱要求接受遗赠，但村委会不同意。双方各执一词，村委会认为它与柯以凯老人有遗赠抚养协议，理应由村委会获得柯以凯老人的所有遗产，而魏利则表示柯以凯在遗赠抚养协议之后立下遗嘱，将房屋遗赠给自己，效力优先于遗赠抚养协议，到底谁说的有道理呢？

案例评析

根据《中华人民共和国继承法》第十六条第三款规定，公民可以立遗嘱将个人财产赠给国家、集体或者法定继承人以外的人。《中华人民共和国继承法》第三十一条第一款也规定，公民可以与抚养人签订遗赠抚养协议。按照协议，抚养人承担该公民生养死葬的义务，享有受遗赠的权利。因此本案中，柯以凯老人与村委会所签订的遗赠抚养协议以及柯以凯老人所立下的遗嘱都是符合法律规定的，就单个来看，也都是具有法律效力的。柯以凯有权利跟村委会订立遗赠抚养协议，同时他也有权将自己的房子遗赠给魏利，但是这里就出现了冲突，即房子的所有权只有一个，但却被赠与两次。为了解决这种问题，《中华人民共和国继承法》第五条的规定："继承开始后，按照法定继承办理；有遗嘱的，按照遗嘱继承或者遗赠办理；有遗赠抚养协议的，按照协议办理。"《最高人民法院关于贯彻执行〈中华人民共和国继承法〉若干问题的意见》第五条也规定："被继承人生前与他人订有遗赠抚养协议，同时又立有遗嘱的，继承开始后，如果遗赠抚养协议与遗嘱没有抵触，遗产分别按协议和遗嘱办理；如果有抵触，按协议处理，与协议抵触的遗嘱全部无效。"因此，本案魏利虽然持有柯以凯老人的遗嘱，但该遗嘱与柯以凯老人和村委会订立的遗赠抚养协议相抵触，此时按照法律规定该遗嘱无效，柯以凯老人的遗产应当全部归村委会所有。至于遗赠在前还是遗赠抚养协议在前的顺序问题，在法律上不具有意义，因此不能作为确定遗赠抚养协议和遗赠哪个有效的标准，不需考虑。

【法律依据】《中华人民共和国继承法》第五条、第十六条、第三十一条，《最高人民法院关于贯彻执行〈中华人民共和国继承法〉若干问题的意见》第五条。

6. 遗赠抚养协议与遗嘱同时存在，应该以哪个为准？

【案情简介】

肖笔（为化名）老人家住陕西肖庄，老伴已经去世。现在村里有三间瓦房，存款3000余元，两头牛三只猪。肖笔老人有两个儿子，长子肖长胜常年在外面打工，既不给王老汉寄生活费，也很少回家看自己的父亲。次子肖长明在婚前与王老汉生活在一起，日常起居照料倒也还算细心，肖笔老人遂于1999年立下书面遗嘱，遗嘱中写明自己去世后，三间瓦房及存款和牲畜一律由次子肖长明继承，长子肖长胜没有权利继承自己的任何遗产。1999年，肖长明在县城结识李萍，两人于2000年结婚。结婚之后，肖长明便搬到了李萍家居住。虽然肖长明答应每月回家探望老父亲并定期给予生活费，但事实上并没有完全做到。肖笔老人的邻居张颖见肖笔老人一个人孤苦伶仃，便经常帮助老人挑水、做饭，还帮老人过生日。肖笔老人觉得张颖人很好，于是便在2002年12月找到村委会主任做见证人，立下遗赠扶养协议，协议上写明，肖笔老人的生养死葬均由张颖负责，在他死后，包括三间瓦房及存款和牲畜在内的全部遗产均归李丽所有。2004年6月，肖笔老人因病不幸去世，张颖按照协议安葬了老人之后，住进了他留给自己的房子里，并从信用社取出了肖笔老人的存款。不久，回家奔丧的肖长胜找到张颖，以自己是肖笔的大儿子为由要求分得遗产，肖长明也找到张颖，并出示了当年父亲所写的遗嘱，要求以遗产继承人的身份继承老人的全部遗产。张颖则拿出遗赠扶养协议，声明自己已经按照协议约定履行了对老人的生养死葬，因此当然应当有权利按照协议取得老人的遗产。肖长胜、肖长明兄弟不服，认为张颖乘虚而入，故意勾引父亲，借机霸占老人的遗产。二人起诉到法院，要求张颖返还父亲的遗产。到底谁能继承肖笔老人的遗产呢？

案例评析

本案是由遗嘱与遗赠扶养协议冲突而引起的纠纷。根据《中华人民共和国继承法》第三十一条的规定，抚养人或集体组织承担遗赠人生养死葬的义务，在遗赠人死后享有接受遗赠财产的权利。我国《继承法》之所以规定在法定继承与遗嘱继承外就专门规定遗赠扶养协议，其主要目的就在于保护被继承人，尤其是农村年老体弱、生活不能自理的老年人的权利，使其能够安度晚年，老有所养。遗赠扶养协议一经签订，即发生法律效力，任何一方当事人不得任意变更或解除。在遗嘱与遗赠扶养协议的效力问题上，依照《中华人民共和国继承法》第五条规定：“继承开始后，按照法定继承办理；有遗嘱的，按照遗嘱继承或者遗赠办理；有遗赠扶养协议的，按照协议办理。”由此条规定，我们可以看出，遗赠扶养协议的效力要高于遗嘱，而遗嘱的效力又要高于法定继承，也就是说，如果遗嘱与遗赠扶养协议同时存在，则先按照遗赠扶养协议处理遗产，只有遗赠扶养协议未处理的遗产，才能按照遗嘱处理。

就本案而言，肖长胜虽然是老人的长子，具有法定继承人的身份，但是在肖笔老人立有遗嘱及遗赠扶养协议的情况下，其也就失去了继承权。而肖长明虽然持有父亲要其继承遗产的遗嘱，但是由于肖笔老人之后又设立了遗赠扶养协议，并且约定将自己的全部遗产留给了张颖，因此遗赠扶养协议的效力高于遗嘱，张颖有权按照遗赠扶养协议的约定取得王老汉的全部遗产。

【法律依据】《中华人民共和国继承法》第五条、第三十一条。